留学珞珈

武大精神与校园文化丛书

◉ 王爱菊　雷世富　主编

WUHAN UNIVERSITY PRESS
武汉大学出版社

$\frac{1}{2}$ 1. 20世纪60年代初李达校长和刘真书记同越南留学生在一起

       2. 1964年，谢鉴衡教授为留学生授课

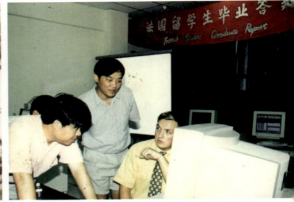

$$\frac{1 \mid 2 \mid 3}{4}$$

1. 20世纪80年代刘道玉校长同日本留学生交流
2. 20世纪90年代法国留学毕业答辩
3. 2002年，留学生参加运动会
4. 2019年，校园品牌文化活动：珞珈金秋国际文化节

2023 年春节前夕，韩进书记、张平文校长和留学生在新春茶话会上

2023 年 3 月，留学生参加庆祝建校 130 周年校史知识竞赛

序

2023 年是武汉大学 130 周年华诞，全校师生精神振奋、气概豪迈！学校在校庆公告中，诚邀广大校友"共偕赞善，以光嘉会，以扬荣光"。广大校友趁此良辰重返母校，共叙芳华。这其中，也有很多留学生校友的身影。他们曾跨越异域山川，求学于东湖珞珈，如今再次相逢际会，已是世界栋梁。

武汉大学最早招收留学生可追溯到 20 世纪 30 年代，新中国成立之后的留学生教育培养则肇始于 1954 年，到明年也即将进入第 70 个年头。作为全国最早接收留学生的高校之一，学校已为世界各国培养了 13000 多名各类人才，他们活跃在政治、经济、科学、教育、文化等领域，为学校赢得了良好的国际声誉，为促进中外民心相通做出了积极贡献。同时，学校也有一批从事留学生教育的"大先生"和管理服务人员，他们是深化和扩大教育对外开放的践行者，架起了中外交流的学术之桥、友谊之桥。留学珞珈，教学相长、文明互鉴，"志合者不以山海为远"，越来越多的留学生在珞珈山写下了他们和武大的故事。

当今世界正经历百年未有之大变局。相较于 130 年前学校创立于民族救危亡求自立之际，今天的人类社会也正处在大变革、大调整的时代。受国际上多重不确定因素影响和制约，全球化和逆全球化博弈加深；新一轮科技革命和产业变革突飞猛进，为教育和人类的未来提供了多样可能性。习近平总书记强调：要积极参与全球教育治理，大力推进"留学中国"品牌建设，讲好中国故事、传播中国经验、发出中国声音，增强我国教育的国际影响力和话语权。这正是时代赋予中国高校的使命。

是为序。

2023. 11. 6

目 录

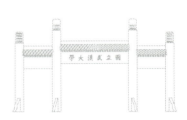

传道篇

求学篇

传道篇

　　"要完善教育对外开放战略策略，统筹做好'引进来'和'走出去'两篇大文章，有效利用世界一流教育资源和创新要素，使我国成为具有强大影响力的世界重要教育中心。要积极参与全球教育治理，大力推进'留学中国'品牌建设，讲好中国故事、传播中国经验、发出中国声音，增强我国教育的国际影响力和话语权。"

　　——摘自习近平总书记在二十届中共中央政治局第五次集体学习时的重要讲话

　　2015年，武汉大学成为教育部首批来华留学质量认证试点学校，并顺利通过认证评估。2023年4月，中国教育国际交流协会秘书长王永利带领专家组来我校进行质量再认证现场审查。专家组高度赞扬学校来华留学工作，在国内高校中树立了标杆，希望学校继续对标国际一流大学，打造"留学武大"品牌。

寻找 Miss Jackson

讲述人：王爱菊　女，武汉大学外语学院英文系教授，博士生导师，自 2020 年底起任武汉大学国际教育学院院长。

2023 年 8 月 9 日和 10 日，我来到牛津大学萨默维尔学院图书馆，在档案管理员 Kate 细致而专业的帮助下，一页页细细地翻看两三年来一直在寻找的 Miss Jackson 的著作、档案以及信件手迹，心中洋溢着难以抑制的兴奋与激动：终于找到了你！

初　识

2021 年年初，我来到国际教育学院工作后不久，学校接到教育部来华留学质量再认证的通知，按照要求需要提交再认证报告。学院为此多次开会讨论，有一次在谈到武汉大学来华留学历史及其起点时，大家都以为是新中国成立后 1954 年学校招收的第一批越南留学生，教研办吴友民主任却提到校史馆有一份档案，根据这份档案，应该说武汉大学第一位来华留学生是来自牛津大学的毕业生 Jackson。我听后大感兴趣，便找来校史馆的那份校务会议记录，上面有娟秀工整的楷体字，竖着写，简略记录了当时校务会议议决事项的情况，是很珍贵的史料。

从这份档案可以看到，1936 年 9 月 18 日，国立武汉大学第 284 次校务会议专门讨论了"英国牛津大学毕业女生 JACKSON 请求入校学习中文"一事，最后作出决议："因系外籍，且为大学毕业，准予受试后入中国文学系听讲，但不负住宿责任。"

武汉大学 1936 年校务会议记录

随后，这位叫 Jackson 的同学便插入武大中文系三年级就读，成为武汉大学有史以来招收的第一位外国留学生。

我很想了解更多关于 Jackson 入学安排以及在校学习的情况，可惜校史馆再无其他资料。但与这份校务会议记录相得益彰的，是龙泉明、徐正榜编著的《老武大的故事》（江苏文艺出版社，1998 年）中的一篇回忆文章——《武大第一位外国留学生》，作者是当时与她同班学习的武大中文系 1934 级校友周辉鹤。根据周老先生的回忆，1936 年秋，一位名叫 Inmas Jackson 的英国小姐（中文名贾克森）来到他们中国文学系三年级的班上插班学习中文。贾克森此前在南京金陵大学已学习半年，有一定的汉学基础，来武大是想"从刘永济先生学词，从徐天闵先生学诗"。由此来看，她来武大的主要目的是学习中国古典文学。

周老先生还提及，她自称仰慕和热爱中国文化，在生活情调上已经中国化了。"除肤色无法改变外"，"发型是中国式，穿的是中国旗袍，走路从不忸怩作态，也不施脂粉，倒有几分中国农村姑娘的气质"。她还喜欢吸中国烟，喝中国酒（据说是受中国诗人的影响），吃中国菜，在返回英国之前还在汉口的英文报纸上发表过一首"七律"诗。贾克森在离开中国前曾送给班上每位同学一张亲笔题字的照片，而他回赠一本《杜甫全集》。

生 疑

以这两个材料为证，我们在 2021 年年底提交的来华留学质量再认证报告中自豪地写道，学校来华留学生教育起步早，起点较高。与此同时，对于 Miss Jackson，我充满了好奇，特别想要了解她回到英国后的人生境况，她从此成了我一直想要探究的一个谜。

我特意在孔夫子旧书网上买了一本《老武大的故事》，仔细读过多次。在反复比对校史馆的记录和周辉鹤的回忆之后，开始对历史材料中的这位 Inmas Jackson 产生了疑问。周老先生的文章中提到，贾克森毕业于英国剑桥大学，而校史馆的记录却表明她毕业于牛津大学。两份材料之间有矛盾，按说当时学校校务会议记录应该更有权威性，她究竟毕业于哪所大学呢？

虽然校务会议记录上说学校不负责住宿，但根据周老先生的回忆，贾克森住在学校分配的一套两大间的房子里，还为她雇用一位高级保姆，为她烧制中国菜。那么她为何能居住在学校提供的公寓里呢？

另外，对于 Inmas Jackson 这个名字，我隐隐约约觉得有些奇怪。校务会议记录上只是提到了 Jackson，这是她的姓，未曾提及其名字。周老先生说她的名字是 Inmas Jackson。Jackson 是英国人常见的姓，而两份材料都提到她姓 Jackson，应该是确凿的。然而，出于对英国人人名和命名方式的了解，我感到她的名字叫 Inmas 似乎有些怪异，不仅是因为这个名字本身极为罕见，也是因为它根本不像是一个女性的名字。英国 20 世纪初的家庭总体上相对保守，在给家里的女儿取名时，按照传统习俗应该会取一个比较女性化的名字，不太可能去取这么一个缺乏性别标识度的名字。不过，关于 Jackson 的名字，我只是一念之间的朦胧起疑，并未太在意，更未往深处去琢磨。

确 认

2023 年 4 月 25 和 26 日，教育部来华留学质量再认证专家进校审查。学校非常重视，黄泰岩书记热情会见了专家组，唐其柱副校长和徐东兴校助全程参加，带领专家们参观游览行政楼，讲解武大历史上的精彩故事。国际教育学院上下齐心，各司其职，进展非常顺利。在专家见面会上的报告中，我再次隆重提到武大历史上第一位来华留学生是贾克森，逐字念诵了校务会议记录的文字内容，表明当时国立武汉大学在接收她入学时进行了考试，把住了入口关，并未因为她是牛津大学的毕业生就放松要求。

专家进校审查环节圆满结束之后，我心里关于贾克森的疑窦也加深了，希望能够想个办法尽快揭开谜底。工作之余，完全出于好奇，多次以 Inmas Jackson 的名字搜索国内外的网络资源，却一无所获。有一天，我灵光一现，不如直接来问牛津大学。于是，我抱着试一试的心理陆续给牛津大学的校友办公室、博德利图书馆等部门发了多封邮件，说明想要了解 Inmas Jackson 资料档案的请求。还算幸运，先后都收到了回复，可是人家都说，他们查阅了电子数据库和内部纸质档案，但查无此人。好几个人的邮件来回下来，都是如此。我感到很是沮丧，或许是因为 Jackson 毕业于 90 年前，时间过于久远而未能保留其档案资料？再或许是因为她不是毕业于牛津，而是毕业于剑桥？

就在我准备联系剑桥的时候，牛津大学学位办的 Vienna 回信说，她也没有找到 Inmas Jackson 的资料，但是在 1935 年的校历中找到了一位姓 Jackson 的女生的信息，不过这位 Jackson 的名字不是 Inmas，而是 Innes。收到这封邮件回复，我喜出望外，兴奋极了。这个线索太有价值了！后来又经过一番邮件问询，搜索 Innes Jackson 的相关资料并进行比对，这才知道，这位 Innes Jackson 确实在 1936 年 9 月来到武汉大学念过中文，她终其一生都热爱并致力于宣传中国文学与文化。可以确定无疑的是，Innes Jackson 正是我们学校校史馆会议纪要中提到的牛津毕业女生，其真实全名是 Estell Muriel Innes Jackson。看来，周老先生的回忆文章也许是因为时隔久远而把她的名字和毕业学校记错了。

后来，每天的邮件都有令人激动的进展和消息。最后联系上了牛津大学萨默维尔学院的档案管理员 Kate。趁着 2023 年暑假去英国的时候，我专程来到牛津找到Kate。她带我参观了学院的各处建筑，看到了 Innes Jackson 上学时曾经住过的宿舍楼，也看到了学院里现有关于她的所有档案。当我坐在那间两面墙壁被书籍铺满的图书室，翻阅那些保存完好的旧照片、档案卡片以及 Innes Jackson 手写的信件和她的著作时，当 Kate 和我最后确认 1930 年刚入校时全年级同学拍的集体照中第三排左起

萨默维尔学院 1930 年新生合影

第三的那一位就是 Innes Jackson 时，当我细细端详照片中年轻的她时，心中满是无限的欢喜和愉悦。

在你 1937 年 3 月离开武汉大学之后，时隔 86 年之后，我终于重新发现并找到了你，Innes Jackson。

2023 年 10 月，来华留学质量再认证结果公布，武汉大学获得了 A，认证有效期为八年，这也是此次认证的最高等级。

不辱使命齐奋斗
亦师亦友情更深

——1965—1966 年刘海芳老师与越南留学生的故事

讲述人：朱德君　1977 年毕业于武汉大学历史系后留校任教，1988 年 2 月调入留学生部从事对外汉语教学，2009 年退休。

　　我要讲述的不是自己的故事，而是武汉大学国际教育学院已故老前辈、对外汉语教学的先行者刘海芳老师 1965 年至 1966 年间与我校越南留学生的故事。

　　刘海芳老师 1965 年 7 月毕业于江西师范学院中文系，同年 8 月来到武汉大学外事处担任汉语教员，1980 年晋升为讲师，1988 年晋升为副教授。她多年担任外国留学生汉语教研室主任，也是中国对外汉语教学学会和世界汉语教学学会会员，第三届中国对外汉语教学理事会理事。1987 年教师节获武汉大学优秀教师奖。2009 年 7 月获中国高等教育学会外国留学生教育管理分会颁发的"从事来华留学生教育管理工作 20 年，为来华留学生教育事业做出了宝贵贡献"荣誉证书。2001 年退休。

国际形势风云突变，关键时刻勇挑重担

　　1965 年，因当时特殊的国际形势，越南民主共和国提出要派 2000 名学生赴华学习汉语然后进入有关高等院校学习专业。中国政府为履行国际主义义务，克服诸多困难，接受并妥善安置了 3133 名越南留学生，武汉大学接收了其中的 130 名学生。

在此之前，我校曾少量接收过留学生，但如此大规模尚属首次，学校领导非常重视，专门成立了留学生工作领导小组，从组织上、思想上、教学和生活上进行了积极准备。

刘海芳老师即是此时此刻来到武汉大学外事处，加入对这批越南留学生的汉语教学工作中的。我与刘老师共事近二十年，以前曾听刘老师说过，当年只有她一人是教留学生汉语的专职老师，其他老师都是从各院系和有关单位陆续调来的。

从教学安排上，为这批学生开设的课程有基础汉语课和中国情况课，刘老师主要教授基础汉语课。为便于教学与管理，学校把 130 名学生分成 8 个大班，刘海芳老师先负责的是二班的教学，后来换到四班。四班的 17 个人又分成 4 个小组。

1965 年至今，时间过去久远，有关当年的详细教学资料已难找寻。所幸的是，我在刘老师家中找到了一张 1966 年 7 月全体越南留学生结业时的合影照片，还有一本刘老师所教班级学生离校时赠送给她的纪念册，纪念册里有全班、各小组和个人以及他们外出参观学习的照片，可谓之珍贵！

尤为珍贵的是，纪念册里学生们用中文写下了他们在中国留学期间的感想和对刘老师的感激之情。从纪念册的字里行间，我们能够了解到当年刘老师和越南留学生在教与学中所发生的感人故事。

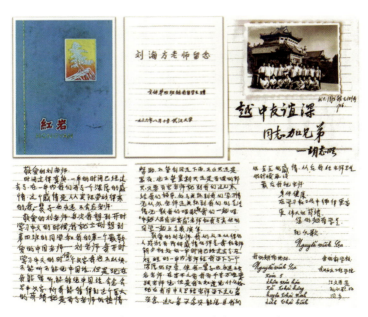

越南留学生赠送给刘海芳老师的纪念册

牢记使命，辛勤耕耘，刻苦学习，功夫不负努力人

这 130 名越南留学生大多是应届高中毕业生，肩负着国家的光荣任务来华学习。他们的学习目的明确，积极性高，但中文水平较低，课堂上听不懂中国老师讲的课，老师也听不懂他们的越南话，可谓困难重重。

针对这些情况，校党委指示：作为教师，必须把帮助越南留学生学好汉语作为一项政治任务去完成，尽快帮助他们学好汉语。

然而斯人已去，我们现在只能从纪念册的字里行间去找寻当年的一些教学情况。

阮永歌同学写道：

"……我开始学习中文的时候，一个汉字我也不认识，不能听不能说中国话，但是现在我能够听，能够说中国话，会念会写汉字，所（以）我能够得到这个巨大的成绩，就是有了老师的热情帮助。不管刮风还（是）下雨，不（管）白天还是黑夜，也不管星期天还是有课的那天，只要有空老师就到我们这儿来给我们辅导，除了关怀到我们学习情况以外，老师还关怀到我们的生活情况，教我们唱歌，跟我们一起唱'中越人民肩并肩'，老师和我与其他的同学一起上台表演等……"

阮氏凤同学写道：

"现在我想到第一次遇见老师，我一个字也不认识，可是现在我的中文水平提高了，我可以跟老师和别的中国同学一起说话，我可以看中文书，可以听懂老师讲课，还可以用汉字给老师写留念。同学们对我的帮助，老师的功劳我永远不会忘记的。老师不管寒冷的冬天，不管闷热的夏天，不管风吹雨打，亲自来到我们的宿舍给我们辅导，这个行动使我留下很深厚的印象，这是老师对我们的感情，也就是中国人民对我们的感情。老师的无产阶级国际主义精神，值得我们学习。"

阮长期同学写道：

"我敬爱的老师，当我第一次遇见老师时，我不能跟老师谈话，也不能听懂老师的话，更不能看、写汉字。但是，今天不但我能用中国话来表达自己的情感，而且还能拿起笔来写留念给老师，这是我学习一年外语的希望。我所以能达到这样的成绩，是因为我自己的努力，而重要的是和老师们和同学们的帮助分不开的。

一年过去，多少个严寒的夜晚，老师不管风吹雨打，经常亲自来到了我们的宿舍给我们辅导；多少个闷热的日子，老师满头大汗还耐心讲课。敬爱的老师，您的这个崇高的国际主义精神使我非常感动。"

阮友盛同学写道：

"……老师到我们的宿舍来辅导，有几个字：P，f，ch……现在我还牢记老师的声音，不管风吹雨打黑夜或打大雷，老师一手拿着雨伞一手带着书包，来帮助我们发音得准，掌握好功课的内容，那时老师才感觉自己充满愉快。

我从一个汉字也不会写不会念，在老师的热情帮助下，我已掌握很多东西了。除了学习汉语以外，老师还帮助我很多：了解中国的情况，风俗习惯……"

阮舍同学写道：

"我在武汉大学学习已经一年过去了，这是我最难忘的一年。想起去年八月份我从祖国刚到学校的时候，半个汉字我不会，一句中国话我不会说。

经过一年学习的时间到现在为止，我能够看中文书报、听广播和能跟老师谈话。一个月之后我要离开美丽的珞珈山。

我得到这些成绩是我努力，而最重要的是（跟）老师教导和帮助分不开的。

多少严寒夜晚雨雪飞纷，老师亲自来到我们的宿舍给我们辅导；在闷热的夏天，老师还是那样热情给我们讲课。使我生活在中国感到在自己祖国一样温暖……"

黎文谚同学写道：

"……经过一年学习，从开始的时候一个字我也不会，但是到现在为止，我能看书、读报、用汉语表达出来自己的知识，准备上大学跟中国朋友一起学习。

我所得到了的这样的成绩，除了自己努力以外，还有老师的帮助。

敬爱的刘老师，

怎么能忘记老师用尽自己的一些力量来帮助我学习。我牢牢记住老师对我学习的帮助，不管风吹雨打，也不管白天黑夜，经常来给我辅导，不但在学习上，而且在生活和其他方面，老师也很关心我。

'越中友谊深，同志加兄弟'……"

从以上学生的留言中我们可以知道：

学生们刚入校时汉语水平都很低，既不会说，也不会写；看不懂中文报刊，上课听不懂老师讲的话，老师也听不懂他们说的越南语，他们很难和中国人交流。然而通过一年的努力学习，他们的汉语水平有了提高，既会说，也会写，能看中文报，还能与中国人交流了。这些成绩的取得，除了学生们自己的努力外，更离不开刘老师的辛勤付出和热情帮助。刘老师的热情帮助，使他们感到生活在中国就像在自己祖国一样温暖。这种崇高的国际主义精神使学生们非常感动，永远也忘不了。

刘老师除了在学习上帮助他们外，在生活和其他方面也很关心他们：教他们唱歌，和他们同台演出，让他们了解中国的情况，例如风俗习惯等。

真可谓：老师辛勤耕耘，学生刻苦学习，功夫不负努力人！

同志加兄弟，师生情谊深

经过老师和学生们一年的共同努力，学生们不仅提高了汉语水平，完成了艰巨的学习任务，而且经过一年的相处，师生之间也情同兄弟姐妹，建立了深厚的感情。

严日梅同学是刘老师最早教过的二班学生，虽然时间不长，但她们却已有了深厚的感情，她在纪念册里写道：

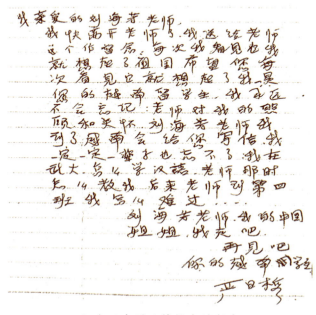

纪念册中严日梅校友的留言

"我亲爱的刘海芳老师：

我快离开老师了，我送给老师这个作留念。每次我看见它，我就想起了祖国，希望您每次看见它，就想起了我是您的越南留学生。我永远不会忘记老师对我的照顾和关怀。刘海芳老师，我到了越南会给您写信，我一定一定一辈子也忘不了我在武大怎么学汉语，老师那时怎么教我，后来老师到第四班我怎么（很）难过……

刘海芳老师，我的中国姐姐，我走吧（了），再见吧。"

黄国全同学写道：

"……到今天我已经中文毕业了，中文毕业是完成国家交给任务的一部分。我懂得了完成中文阶段不但靠自己的努力学习，而且老师的教导，这个教导有力，有重要的效果。老师对我们热情地教导，是表示了老师对毛主席对共产党的热爱，是表示了对共产主义的热情精神。

老师！写不了了，情感多中文水平低，请原谅……"

黎氏才同学写道：

"分别时心里难过是正常的现象。一年和您相处，您对我真好。您是我第一位中国老师，也象（像）我的亲姐。我永远把您的一切记在我的心上，每当想到您，我学习生活会有新的力量。

祝您——毛主席的好学生，身体好，工作胜利。"

还有一位没署名的学生写道：

"正如毛泽东主席所说的那样，'为了一个共同的革命目标，我们从五湖四海已走到一起来了'。为此，我们由不认得的人已经成了有深刻的感情的师生。

我在中国学习的一年过去了，也就是我跟老师、跟中国人民朝夕相处的一年过去了。在这一短短的时间内，老师已经给我留下了永不能忘记的印象。我已经得到老师的无微不至的照顾和关怀，使我克服了许许多多的困难。我深深地体会到，在以毛主席为首的中国共产党的英明领导下，老师已经高度地发扬了无产阶级国际主义的精神，老师的这种行为值得我们学习和发扬……"

通过上述留言，我们能深深感受到学生除了把刘老师当作老师，更是把她当作

中国姐姐。刘老师和学生们的关系可谓"同志加兄弟，师生情谊深"。

久别重逢，再叙师生情

1966 年 8 月，130 名越南留学生分赴中国各大学进行相关专业学习。他们有的留在武汉测绘学院、华中工学院、武汉水运工程学院，有的去了华南农学院、广州中山大学等，后来这批学生全都回到了越南。

回国后的情况怎样，已无资料可查。但从刘老师保存的众多照片中，我找到了两张她、皮远长老师和一位略比他们年轻点儿的女士的合影，翻看后面，上面写着"（越）严日梅 重游武大 2004 年夏"，另一张上写着"二〇〇四年夏 （越）严日梅来访"。为了解严日梅回国后的情况，我找到了照片上的皮远长老师。

据皮老师回忆，那是 2004 年的一个夏天，他突然接到一个陌生电话，就问对方是哪位，对方说是他以前的越南留学生严日梅。师生久别突然来电，甭说多高兴了。皮老师问她是怎么知道的电话号码，她说是在非洲工作时，从认识的一位中国朋友那儿知道的，并希望皮老师能帮忙找到刘海芳老师。于是，皮老师马上帮她联系上了刘海芳老师。

皮老师还告诉我，1965 年严日梅来武大留学时才 17 岁。时隔 38 年，他们在武大校门口重逢。当时严日梅是带着她的小女儿一起来的。还记得，那天天气炎热，她的小女儿还用手上的小电扇给两位老师吹风呢。他们问及严日梅离开武大后的情况，严日梅同学说，她回国后就去了俄罗斯（苏联），在那里学习古生物专业，并获得博士学位，现在从事国际贸易工作。这次来到武汉，就是想故地重游，看望两位老师。

当我准备结稿时，刘老师的爱人告诉我，在家里又找到了一张合影照片。我立即赶到他们家中，原来是刘老师夫妇、皮老师夫妇和严日梅母女俩的合影，照片经过过塑，保存完好，背后标签上写着：

（越）严日梅及其女儿从安哥拉→北京→天津→温州→武汉，分别 39 年后第一次重逢在珞珈山，2004.8 摄

从这段记录中我们可以看到，严日梅不远万里飞到武大来看望刘老师，可见刘

武为红卫的 松柏丝相结
1965.12.4.

四人合影中"梅"即严日梅同学,"芳"即刘海芳老

老师在严日梅同学心中的分量。

久别师生再相逢,有说不完的话,道不完的情。他们一起吃饭,一起参观武大校园,一起观赏东湖美景,并在武大912操场、凌波门外的东湖游泳池旁和宾馆门前合影留念。

左起依次是刘海芳老师、严日梅校友、皮远长老师,拍摄于2004年8月

一年的时间，说长不长，说短也不短。学生们从一个汉字不认识，一句中文不会说，到现在能拿起笔用汉字给老师写感想，所写感想条理都比较清楚，错别字也较少，可见他们的汉语水平都提高了不少。

山水相连的中国与越南，是"好同志、好伙伴、好邻居、好朋友"。

2022年10月31日，国家主席习近平在庄严肃穆的北京人民大会堂金色大厅内向越共总书记阮富仲授予中华人民共和国"友谊勋章"，并在发表讲话时指出，"友谊勋章"代表了中国共产党和中国人民的友好感情，象征着中越"同志加兄弟"的深厚情谊，蕴含着两党和两国人民共同追求美好未来的殷切希望。

"中越情谊深，同志加兄弟。"

"祝中越两国人民牢不可破的战斗友谊万古长青。"

1966年7月武汉大学留学生基础汉语学习班第一届越南同学结业纪念

给留学珞珈之梦开花的机会

讲述人：刘小绿　曾任武汉大学外事处副处长、外语学院党委书记、国际教育学院副院长，从事过武汉大学外语学院德语专业以及武汉大学法学院中德班的德语教学工作。从 1992 年起，四次被教育部借调派往驻外使领馆工作。第一次在波恩，担任驻德使馆教育处二等秘书。第二次在柏林，担任驻德使馆教育处一等秘书。第三次在伯尔尼，担任驻瑞士使馆教育处一等秘书。第四次在法兰克福，担任驻法兰克福总领馆领事、教文组主任。

那天，一只站在我家窗台上亭亭玉立的白色信鸽捎来了一封征文约稿信："时值武汉大学建校 130 周年校庆之际，诚邀您回忆来华留学峥嵘往昔，共谱教育开放百代流风。"

望着情真意切的单位来信，退休赋闲在家的我竟然打碎了夕阳，拾起满地金黄，将自己与同事共同做好来华留学教育工作的点滴过往，镶嵌在字里行间，融入薪火珈缘。

孔雀之国考生逐梦

第一次去往传说中的印度，心里的好奇大于期待。印度人非常喜欢孔雀，而蓝孔雀是印度的国鸟，有着特别神圣的寓意，所以印度也被誉为"孔雀之国"。

2015 年 8 月底，我与武大医学部的王莹、李金芯两位老师组成武大招生工作团从武汉出发至广州，接着转机到新加坡樟宜机场，随后再飞行四个多小时，最终抵达印度科钦，当晚入住皇冠酒店。

第二天一早我们还没有从旅途的疲惫中缓过来，便迫不及待地去了当地 AEC 公司协助安排的场所。按照工作计划，我们先举行与印度学生和家长的见面会，然后对已报名入学考试的印度学生进行笔试和面试。

俗话说入乡随俗。印度人在重大活动开幕仪式上有主宾共同点燃铜灯的习俗，它源自民族神话，象征新的开始。所以在我们活动地点的台前，早就摆放好一盏半人高的铜质油灯，这也是为印度学生考前祈福所做的准备。学生和家长到齐后，主持人便邀请我站到铜灯旁边，一起点燃灯芯。直到所有的灯芯点亮，在场的人报以热烈掌声，见面会才算正式开始。

见面会上，我们招生老师分别介绍了武汉大学来华留学教育的特色，医学部的师资队伍、教学条件、实习环境和科研设施以及招生入学考试的注意事项，重点强调考生需要经过严格选拔，才能入校进行本科专业课程学习及临床实践，毕业后可以回到本国服务或继续深造。同时我们还鼓励考生树立信心，认真对待入学考试，沉着应战，仔细答题，考出好成绩报答父母。

大约有六十名印度学生报名参加入学考试。考场里秩序井然，考生们有的在低头思索，有的在奋笔疾书，监考老师在考场的通道上轻轻地来回走动。窗外蝉不鸣，鸟不叫，整个考场的氛围显得紧张而安静。

面试环节，不少考生面对考官畅所欲言，努力展示自己的综合素质、语言表达和沟通能力。他们在回答为什么要来武大学医时，虽然想法各异，但都充满了对成

见面会台前，主持人与笔者（左一）共同点燃铜灯，助力印度学生圆梦珞珈

才梦想的追求、实现人生目标的憧憬。

"武汉大学是一所著名的高等学府，也是我梦寐以求的目标。"

"成为一名救死扶伤的医生是我的梦想。早就听说来武大学医，不仅教学质量好、实习机会多，而且费用比印度便宜。"

"中国很安全，在武大学医的印度学长也很多，而且发展得很好。我爸妈希望我能从事医疗工作，所以我选择来武大寻梦。"

显然，许多印度来华留学生在武大收获颇丰的经历，影响了这次报考武大的考生。年轻的印度人正在拓宽眼界，将眼光投向中国，并且看到了中国高等院校中存在的诸多机会。从 1984 年起武大医学部就开始接收国际学生，而且较早地推出了 MBBS（临床医学学士学位）项目，是获得该项目招生配额较多的高校之一。所开设的英语授课的临床医学本科班也一直受到印度等国家的好评。改为双语授课后，仍旧供不应求。自 2005 年以来，医学部共培养了 1100 多名国际学生。

我们的印度招考之旅很快就结束了。离开被誉为"阿拉伯海皇后"的港口城市科钦，我们都默默地为即将开始留学生涯的印度学生祝福，愿他们展开青春的翅膀，鹏程万里，逐梦珞珈！

湄公河畔邂逅"珈人"

来到老挝才知道，位于湄公河畔的首都万象，透着一种如诗似画般的韵味，是个快乐而又宁静的城市。道路干净，市民友好。

2016 年 3 月 25 日，我和国际教育学院的周富生、刘焰两位主任来到老挝万象，参加"2016 年留学中国职业教育与高等教育联合展览会"。

展会由中国驻老挝大使馆、老挝万象中华理事会和老挝万象寮都公学联合主办。

不少新闻媒体报道了展会盛况。其中新华社万象分社的报道说：武汉大学国际教育学院副院长刘小绿代表参展院校致辞时表示，主办方通过教育展的方式，让中国学校有机会到老挝展示自己，鼓励老挝学生到中国留学，对推动中老两国文化教育交流、增进两国友谊具有深远意义。

在老挝，我们邂逅了在武大读完本科的"珈人"万薇。她身材娇小，双目犹似一泓清水，纯真无邪，嘴角微微上扬，笑容可掬。在得知武汉大学的老师要来参展后，她便主动向她的妈妈——寮都公学副校长陶菊老师请缨当志愿者，协助我们招生宣传，承担我们拜访老挝高校的翻译工作。看到她忙上忙下，不停地与前来武大展台咨询的老挝学生沟通交流，我们感动地向满头大汗的她表示谢意。而她却拭去汗珠自豪地回答："我是武大的校友，能帮到老师是我的荣幸！"

万薇于 2011 年从老挝来到武大深造，在经济与管理学院攻读金融学。本科毕业后，任教于寮都公学，教授初中部数学、物理及中国传统文化课程。2020 年 7 月开始自主创业，经营一家老挝 – 泰国运输公司，担任总经理职位。她的姐姐万纳也是武大校友，2009 年考上对外汉语专业的研究生，获得硕士学位。2019 年底在万象创办"浩轩服务有限公司"，主要提供与中国的经济交往、文化交流的服务。

这次我们除了参展外，还与老挝的武大校友商讨筹建校友分会事宜。

在校友座谈会上，我认识了宋宽·玛苏万。他中等身材，相貌堂堂；剑眉下的双眼深邃黑亮，炯炯有神；宽阔的肩膀，健硕的胸脯，散发出海纳百川的气度。1994 年他来到武大留学生教育学院补习汉语；1995 年开始学习企业管理，获管理学学士学位；2001 年考上武大硕士研究生，后获经济学硕士学位；2016 年被武大录取为社会学博士研究生。目前他在老挝总理府办公厅工作，担任公共关系司副司长兼总理府办公厅青年团书记。

武汉大学参展人员与中国驻老挝大使馆文教部秘书莫小玲
（左二）、万象寮都公学董事长林俊雄（左三）合影

长期以来，他致力于搭建中老友谊之桥，曾陪同本通副总理赴中老铁路施工现场考察慰问，参加中老双方国务院办公厅工作会谈、十四届中国—东盟博览会以及博鳌亚洲论坛 2019 年年会等。特别令他引以为荣的事是，2018 年 5 月 30 日在人民大会堂，他受邀出席习近平主席为老挝人民革命党中央总书记、国家主席本扬·沃拉吉访华举行的欢迎宴会。每当回忆起这幸福的时刻，他便真诚地表示：老中关系需要从你我做起，愿老中友谊万古长青！

就是这样一位坚韧不拔的男子汉，也有柔情似水的一面。在武大情人坡的石子路上，他遇见了一位可爱的中国姑娘，两位校友一往情深，琴瑟和鸣，成了"珈人"跨国婚姻的一段佳话。

20 世纪 70 年代，武汉大学接收了第一位老挝留学生，至今已为老挝培养了各类人才 200 多人。2018 年 5 月 19 日，在武大校友企业家联谊会的大力支持下，武大第一个留学生校友会——老挝校友分会在万象成立。同年，"老挝留学生项目"在 21 位校友企业家的共同资助下成功启动。此举使得我校老挝留学生受益良多，为老挝青年学子赴武大留学，推动中老命运共同体建设作出了积极贡献。

珞珈山上"雪绒花"开

瑞士是世界上最富裕的国家之一，被称为"世界花园""钟表王国""金融之国"。雪绒花是瑞士的国花，它寓意着顽强拼搏的斗志、不畏艰难的精神。伯尔尼是瑞士首都，其名字的来源与"熊"有关，"熊"自然成了伯尔尼的象征。

2016 年 6 月 20 日，武大国际教育学院迎来 21 名瑞士学生和带队老师蓝安东教授。中瑞师生在学院会议室隆重举行了第二届武汉大学—瑞士伯尔尼国际暑期学校开班仪式。

来自"雪绒花"国度的学生们第一次到武汉大学，目睹依山环湖的校园，古色古香的校舍，感触颇深。在开班仪式上他们纷纷表示，能够在武大学习汉语，感到非常高兴，他们一定会好好利用这次机会，体验中国的文化魅力，了解武汉的风土人情。

时间过得真快，好像只是一瞬间。如雪似云的"雪绒花"在珞珈山绽放出纯洁可爱的笑脸。

7 月 15 日上午，我和学校国际交流部刘晓黎主任、教师代表刘姝等项目人员参加了武汉大学—瑞士伯尔尼国际暑期学校结业典礼。为期四周的暑期学校成果显著，学生们不怕困难，努力学习，每个人的汉语水平都得到快速提高。他们不仅感受到了武汉大学老师的人文关怀和授人以渔的教学理念，而且体会到了中国文化的博大精深以及武汉热干面带来的舌尖上的快乐。他们感谢武大为暑期学校安排了专任教师和项目工作人员，使得他们能够顺利地完成学习任务，在武大过得丰富多彩充满乐趣。

听到瑞士学生对暑期学校的赞美，我突然想起雪绒花的花语为"重要的回忆，荣誉和友谊的象征"。于是，我向他们讲述了一段我在驻瑞士使馆教育处工作时陪同武大代表团访问伯尔尼大学的往事。

2010年5月28日，我校党委书记李健教授应邀率团对伯尔尼大学进行了访问，即将担任伯尔尼大学校长的Martin Tauber教授会见了代表团。双方探讨了如何进一步加强师生交流和开展科研合作，巩固两校已有的校际联系并开拓新的合作领域等话题。代表团还参观了伯尔尼大学世界贸易经济研究所和自然科学系，并看望了我校生科院、法学院和外语学院在该校的交流学生。

访问取得圆满成功，两校续签了2007年签订的合作谅解备忘录及学生交流协议。在此协议基础上，武汉大学又于2013年与瑞士伯尔尼大学达成开设国际暑期学校的计划。2014年该计划正式实施，国际教育学院迎来第一批伯尔尼短期班学生并顺

瑞士学生开心地展示自己的中国剪纸作品

利完成了当年汉语教学工作。而第二届武汉大学—瑞士伯尔尼国际暑期学校的顺利开展不仅深化了两校的合作，也为我校后续的国际交流以及来华留学教育探索出了新的路径。

部长驻足武大展位

马来西亚是一个美丽的国度。到处是簇拥的鲜花、繁茂的绿树、迷人的风情。这里没有寒冷的冬天，没有金黄的秋天，也没有嫩绿的春天，四季如夏。在落满阳光的回忆里，至今令我难忘的是赴马来西亚参加第三届中国高等教育展会。

2017年3月6日，应马来西亚留华同学会的邀请，我和时任国际教育学院教学科研管理办公室副主任吴于蓝代表武汉大学，与南开大学、天津大学、中山大学、北京理工大学等39所高校一同参展。此次展会由"中国—东盟教育交流周组委会"主办，"马来西亚留华同学会"承办，分别于3月7日和3月9日在吉隆坡尊孔独立中学和柔佛州宽柔中学举行。

马来西亚首相署部长拿督斯里魏家祥先生非常重视这届教育展，给予了大力支持。他亲临尊孔独立中学，鸣锣宣布展会开幕并致辞。尊孔独中董事长拿督黄位寅，马来西亚留华同学会创会会长陈志成、会长莫泽林出席开幕仪式。

为了推介武汉大学的来华留学教育，吸引马来西亚学生来校学习，我们精心准备了图文并茂的宣传展板和内容翔实的招生简章，重点展示武汉大学相关学科的办学实力和国际化建设成果。展会一开始，学校展台前就被围得水泄不通。针对马来西亚学生和家长关心的入学要求、课程内容、学习和生活费用等问题，我们都一一给予解答。同时，向学生和家长发放学校宣传资料，详细介绍我校的办学特色以及我校留学生的学习、生活情况。我们热情和认真工作的态度受到了学生和家长的一致认可。

尤其值得一提的是，首相署部长拿督斯里魏家祥先生在展会现场特意驻足武大展位，倾听我介绍武汉大学。他称赞这是一所美丽的大学，希望我们能为马来西亚学生提供更多的留学机会。听完部长一席话，我们备受鼓舞，表示会为马来西亚学生提供新生入学奖和高质量的教学资源。

展会的第二站是柔佛州宽柔中学。在前往该中学时，我出现一段小插曲。那天骄阳似火，热浪滚滚。可能是因为大巴车内空调温度过低，加上途中喝了冷饮，我

马来西亚魏家祥部长（右）驻足武大展位，
倾听笔者（左）介绍武大招生情况

腹泻不止。好在同行的吴老师带了出差的备用药，才缓解了我的病痛，最终圆满完成了这次参展的任务。

这届教育展赢得了马来西亚多家主流媒体的广泛关注，马来西亚《中国报》《南洋商报》等报纸专门刊载了教育展信息。

对于我们来说，积极响应国家"一带一路"倡议，主动走出去参加高规格的国际教育展，参加主流媒体的宣传，必将有利于提升学校在马来西亚乃至整个东南亚的影响力。相信未来会有越来越多的马来西亚学生选择到武汉大学留学，不断拓展自己的知识和见识，更好地适应不同的环境和挑战，更加自信地去实现人生价值。

纸短情长，挂一漏万。推窗远眺绿树掩映的珞珈山，想起那里的烟雨霏霏浅遇深藏，那些为国际学生助飞梦想染了花香的日子纵然已经离去，却难以割舍。也许这就是最美的珞珈未了情吧！

书法教育开新花　桃李天下满园春

——武汉大学留学生"中国书法艺术"课程巡礼

讲述人：车英　先后在武汉大学外文系英语专业和武汉大学新闻系任教，曾任《武汉大学学报》（哲学社会科学版）常务副主编，武汉大学新闻与传播学院教授、博士生导师，武汉大学留学生教育学院兼职教授等职；主要社会兼职为中国书法家协会会员，中国教育学院书法教育委员会常务理事，武汉大学学生书画协会首席指导老师等。

中国五千年璀璨的文明及无与伦比的丰富文字记载都已为全世界所认可，在这一博大精深的历史长河中，中国的书法艺术以其独特的艺术形式和艺术语言再现了这一历时性的嬗变过程。中国书法艺术的形成、发展与汉文字的产生与演进存在着密不可分的连带关系。书法是以汉字为基础、用毛笔书写的、具有四维特征的抽象符号艺术，它体现了万事万物"对立统一"这个基本规律，反映了人作为主体的精神、气质、学识和修养。

教授外国留学生　书法建构新纽带

1980 年上半年，武大招收的外国留学生多了起来，当时留学生工作归属外事办公室下设的留学生工作办公室负责。与我同住湖滨五舍 110 房间的日语专业老师涂明虎（1978 年毕业），调入校外办负责留学生的管理工作。有一天，他和时任武汉大学外事办公室主任杨荣浩来到我的办公室，对我说："留学生是来中国学习的，我们知道，你已经教了两年外国教育专家中国书法，时而也教他们一些简单的中国画，教得不错，反响很好，很受欢迎！你教的这几个学生伊恩·门罗（Ian Monroe）、波拉·坎贝尔（Pola Campbell）、布莱恩（Brian）等都给我说过，他们都是 1977 年秋季来校的首批美国教育专家。你也教过不少外国短期来华学习班，在书画方面你是很有天赋的，也算得上很有这方面的经验了！那么，你能不能教在校在读的这些留学生中国书法呢？"我说："好事儿！可以！"我满口答应。

从 1980 年下半年起，我便兼开了武大留学生的"中国书法艺术"课程，至今已经 40 多年，最开始只是讲座，一个学期三四次讲座，学生们非常欢迎。

到了 1983 年，讲座形式已不能满足留学生的需求，他们纷纷要求将这门课作为选修课纳入正式课表并给予学分。学院和学校采纳了学生们的建议，"中国书法艺术"正式作为留学生的选修课，考试合格者给 2 个学分，时间为一个学期。从 1983 年下半年起到 2008 年上半年，一年两个学期都开此课，要求 60 人，但报名的学生多达两百多人，有不少学期甚至达五六百人。我只能采用淘汰制尽可能减少人数，尽量减至百人之内，但学生们学书法的热情很高，我真不忍心让留学生学书法的热情受到压缩人数之影响。但我不得不将人数控制在 120 人左右，否则，再大的教室也容纳不下了。即使是这样，时常教室的过道上和讲台前都坐满了学生。

武汉大学合校后的第三年，即 2003 年 11 月 18 日，留学生教育学院成立了对外汉语教学研究所，在校行政大楼第一会议室举行成立大会，时任院长彭元杰主持会议，时任武汉大学常务副校长吴俊培出席并讲话。我从吴俊培副校长手中接过武汉大学对外汉语教学研究所特聘研究员的聘书，与我同时成为对外汉语研究所研究员的还有陶梅生等老师。在此成立大会上，法国汉学家白乐桑也成为该研究所的顾问并接过了顾问聘书。

武汉大学对外汉语教学研究所成立后前两三年，每一年都要至少召开一次研讨会，我每次都参加并积极研讨，白乐桑出席过一次。这类研讨，对于对外汉语教学是有很大的促进作用的。留学生教育学院教师大多积极参加研讨写论文，当时我在《武汉大学学报》（哲学社会科学版）任副主编，专门为之出了一期学报增刊。我还为此增刊写了一篇论文，题目是：《谈谈中国书法艺术之节奏美》。

打拼摸索闯新路　史实结合写新篇

经过四十多年的摸索，我逐步形成了自己的一整套教学风格。我采用的是先讲中国书法的历史知识后讲书法实践，并要求理论与实践相结合并重在实践，从而使留学生欣赏到中国书法的美与力，体会到中国书法的刚与柔，力图提高留学生的书法兴趣与审美水平。

中国书法艺术博大精深，它的形成与发展与中国五千年的文明史密不可分。中国的历史文明是一个历时性、线性的过程，中国书法艺术在这样大的时代背景下展示着自身的发展面貌。中国书法是一门古老的艺术，从甲骨文、金文演变为大篆、小篆、隶书，至定型于东汉、魏、晋的草书、楷书、行书诸体，书法一直散发着艺术的魅力。书法字体的发展以篆、隶、草、楷、行为顺序。在中国书法的萌芽时期（殷商至汉末三国），文字经历由甲骨文、古文（金文）、大篆（籀文）、小篆、隶（八分）、草书、行书、真书等阶段，依次演进。在书法的明朗时期（晋南北朝至隋唐），书法艺术进入了新的境界。由篆隶趋从于简易的草行和真书，它们成为该时期的主流风格。大书法家王羲之的出现使书法艺术大放异彩，他的艺术成就传至唐朝备受推崇。同时，唐代一群书法家蜂拥而起，如虞世南、欧阳询、褚遂良、颜真卿、柳公权等大名家，在书法造诣上各有千秋、风格多样。经历宋、元、明、清，中国书法成为一个民族符号，代表了中国文化博大精深和民族文化的永恒魅力。

中国书法是中国传统文化中的四大瑰宝之首，汉字的表意性及其独特的结构，为书法艺术提供了前提条件。我为留学生教授中国书法艺术课程，是为了帮助外国留学生提高他们对中国传统文化之一的中国书法艺术的热爱、兴趣及欣赏水平，使之更多地了解中国传统文化，架起中外友好的桥梁，为其成为友好使者奠定基础。

讲完书法历史知识后有一次考试，这个考试一般以开卷形式进行，并且配有一道问答题，要回答"作为一名留学生为什么要学习中国书法"及"怎样学习中国书法"这两个问题，字数要在 200 字以上。这样不仅巩固了他们的书法历史知识，也促进了他们中文写作水平的提高。

认真风趣授好课　兴致活泼满堂彩

在具体教授留学生书法实践和技能的时候，我采用的是趣味性、故事性与书法实践性相结合的方法。首先要学楷书，楷书又称"正书""真书"，从隶书逐渐演变而来，比隶书更趋简化，字形由扁改方，笔画中简省了汉隶的笔势，横平竖直，特点在于规矩整齐，所以称为楷法，是因为此书法可以作为"楷模"通行的书体，一直沿用至今。楷书盛行于六朝，至唐代出现了繁荣局面，达到了高峰。这种字体至今还是初学书法的关键。而楷书大家在唐朝就有三大家，即颜真卿、柳公权和欧阳询。颜真卿创造了颜体，柳公权创造了柳体，欧阳询创造了欧体。初学书法者一般以颜体和柳体为摩本的居多，要学其"颜筋柳骨"！

学写楷书，必定先学写"永"字和"飞、凤、家"三字。在讲授书写楷书"飞、凤、家"时，我是这样处理的：

在中国，一般人都知道这么一句话：会写飞凤家，敢在人前夸。这就是说，"飞、凤、家"这三字是中国书法基础的基础！能写好这三个字，就可敢在人前自夸了。当然人不能骄傲！这句话来自柳公权发奋图强自强不息练字的一个典故。柳公权者，这是我们前面所讲的楷书柳体的创始者。有一天，柳公权和几个小伙伴举行"书会"。这时，一个卖豆腐的老人看到他写的几个字"会写飞凤家，敢在人前夸"，觉得这孩子太骄傲了，便皱皱眉头，说："这字写得并不好，好像我的豆腐一样，软塌塌的，没筋没骨，还值得在人前夸吗？"小公权一听，很不高兴地说："有本事，你写几个字让我看看。"老人爽朗地笑了笑，说："不敢，不敢，我是一个粗人，写不好字。可是，有人用脚都比你写得好得多呢！不信，你到华京城看看去吧。"第二天，小

笔者历年给留学生讲授书法课程

公权起了个五更，独自去了华京城。一进华京城，他就看见一棵大槐树下围了许多人。他挤进人群，只见一个没有双臂的黑瘦老头赤着双脚，坐在地上，左脚压纸，右脚夹笔，正在挥洒自如地写对联，笔下的字迹似群马奔腾、龙飞凤舞，博得围观的人们阵阵喝彩。小公权"扑通"一声跪在老人面前，说："我愿意拜您为师，请您告诉我写字的秘诀……"老人慌忙用脚拉起小公权说："我是个孤苦的人，生来没手，只得靠脚巧混生活，怎么能为人师表呢？"小公权苦苦哀求，老人才在地上铺了一张纸，用右脚写了几个字："写尽八缸水，砚染涝池黑；博取百家长，始得龙凤飞。"柳公权把老人的话牢记在心，从此发奋练字，手上磨起了厚厚的茧子，衣服补了一层又一层。经过苦练，柳公权终于成为我国著名书法家。

就像这样，在教授学生书法之前，我会给他们讲中国著名书法家的故事，通过趣味性、故事性与实践性相结合的方法教授留学生。留学生听得津津有味，提高了学习中国书法的兴趣。

我曾多次说过，并且在报刊上公开发表过，我这辈子除了做好本职工作外，还干了四件值得称道的事儿，包括担任学校学生书画协会首席指导老师、创办樱花笔会、推动创建学校西班牙语专业，再就是教授留学生书法课程。从 1980 年至今，其教学之长也可谓"全国独一份"。此课是武大留学生最欢迎的一门选修课，通过这门课，学生们了解了中国书法的来龙去脉，学会了中国书法的行笔技巧，提高了审美观，净化了心灵，陶冶了情操。

桃李花开满园春　弟子硕雅遍天下

留学生"中国书法艺术"课程历经了武大外办、独立的留办、留学生部、留学生教育学院和国际教育学院等阶段，至今有四十多年了。我教过的留学生，听过我书法课的留学生已过万人，我已把自己当作武大国际教育学院（原留学生教育学院）的一员！可谓：桃李满园春，弟子遍天下。

在书法教学中，我收获了不少非常得意的"舶来"门生，如后来曾任哈萨克斯坦总理的马西莫夫，他 1988 年 9 月一入校就补选了"中国书法艺术"这门课。当时尚属联邦德国的留学生罗小可（Claudia Rothenbiuer）也是其中之一。她一踏进武汉大学的校门，就找到我并拜我为师，还请我帮她订了一份《书法报》。她潜心学习、认真领会中国书法艺术的久远根蒂和无穷魅力，从中得到了不少艺术思想的启迪。

她多次对我说："我来中国学习，除了要学好我要学的专业之外，我还要学习真正的中国。中国的书法艺术足以代表中国，集中国传统和现当代艺术美学之大成。"

她又说："中国书法，书中有诗，书中有画，书中有歌，书中有节，书中有韵……学习中国书法既可陶冶情操，又可接受美的传递，还可以磨炼意志、锻炼身体。对于提高像我这样一个外国留学生的审美等方面的能力和素质是大有益处的。"

我的"舶来"门生还有不少，如日本留学生石井利尚、山村浩子，意大利留学生朴人（Mario），德国留学生白慧珍（Bettina）、曹平（Peter Zobe），俄罗斯留学生左娜（Kseniia）、维妮娅（Venera），捷克留学生维基（Viktorie），美国留学生贝拉利（Larry Batez），韩国留学生李贞姬（Lee Jung Hee），巴基斯坦留学生梅荷（Mehar）等。我除了上课教他们中国书法艺术外，还为他们创造条件参加中国书法艺术的实践活动和中国书画赛事，如每年一度的樱花笔会暨全国大学生书画大赛、每年一度的武大金秋艺术节珞珈青年书画大赛等。2018 年我教过的塔吉克斯坦留学生海明威、时佳二位同学参加过两届湖北省留学生书法大赛和珞珈青年书画大赛，均获奖项。可见，他们都非常用心地学习中国书法艺术，也从中国书法艺术中得到了熏陶与启迪。

这些学生学成回国后大多成为国之栋梁，以及与中国友谊交往的桥梁和纽带。如哈萨克斯坦的马西莫夫回国后从政，后来当上了该国总理；德国的罗小可，她学成回国后便在德中友好协会工作，把我教给她的书法技能运用得淋漓尽致，为促进德中友好作出了积极贡献，多次受到中国驻德大使的夸奖；日本的石井利尚，硕士毕业回国后便到《读卖新闻》报社工作，常驻中国；再如日本的山村浩子，她学成回国后在日本大分县外事办公室工作，每隔一两年总是带领三道（书道、茶道、剑道）代表团来武汉进行访问交流……

我对于教过的这些留学生都非常关心，看到他们成长、有进步、有贡献，我心里都很高兴！这就是当老师的最大幸福和快乐！

概而言之，中国书法是中国古老的优秀传统文化，但中国书法艺术要发展，就要紧随时代。学无止境，艺无止境，美无止境，而追求美则更无止境。目前，中国书法艺术越来越受到海外朋友的喜爱，尤其受到外国留学生们的青睐。作为中华民族这一优秀文化的教育者、研究者、实践者和传播者，理应深入研究，努力工作，让世人通过书法艺术更多地了解中国，让中国书法大踏步地走向大千世界。

心中的种子，迟早会发芽

讲述人：陈志宇　武汉大学国际教育学院副院长，分管招生工作。毕业于华中师范大学英语语言文学专业，先后任教于原湖北医科大学外语教研室、武汉大学外语学院大学英语教学部，2014—2017 年任中国驻赞比亚大使馆办公室兼领事部主任，2017—2021 年任中国常驻联合国代表团二秘。

今年是武汉大学建校 130 周年，按照逢十大庆的老规矩，学校会举办一系列的庆祝活动。我们院领导班子也早早开会，研究搞个什么活动向学校 130 周年华诞献礼。大家议来议去，都没有什么特别的创意。王爱菊院长不愧是搞文学的大教授，在大家一筹莫展的时候提议：我们院从 20 世纪 50 年代就开始接收来华留学生，至今已有近 70 年的历史，历经坎坷艰辛，这中间该有多少感人的故事啊！何不借此机会发动大家讲讲自己与来华留学的故事，然后我们结集成书，一方面作为校庆的礼物，一方面也可以作为我们院史的一部分，该多有意义啊！大家一听，确实有创意，纷纷表示赞同。

说干就干，综合办的姚秀才很快就出手了一篇征文邀请函："青春年华山间绽放，如歌岁月湖畔徜徉。异域山川，曾会斯地；同天风月，今诉衷肠。珞珈山水，依依相望。望来路同窗依旧，书胸臆风云激昂。传承珞珈薪火，共赴百卅之约。时值武汉大学建校 130 周年校庆之际，诚邀您同忆来华留学峥嵘往昔，共谱教育开放百代流风。恭疏短引，敬望赐稿！"

读着这样文情并茂的邀请函，我也不禁涌起一股想投稿的冲动。但自己到国际教育学院才一年半的时间，哪有什么故事啊？还是老老实实多动员其他人写稿，完成自己的组稿任务吧。在组稿的过程中，确实读到了许多典型的、给人留下深刻印象的感人故事，但最打动我的却不是这些具体的故事，而是字里行间所蕴含的真情：学生对老师、对学校的感情，老师对学生、对来华留学教育的热情。我突然明白了自己冲动的原因所在：自己的心中也一直涌动着对这份事业的深厚感情啊，它就像一粒种子，早就深深播种在我的心中，一遇到合适的条件就要破土而出了！

这粒种子应该是在我上小学的时候就播下了吧。不记得具体是读几年级，也不记得自己当时具体多大年纪，只记得那是一个初春的周末，天上下着毛毛细雨，我和父亲走在乡间的泥泞小路上。

父亲："你以后的理想是什么？"

我（一脸懵懂）："什么是'理想'？"

父亲："就是你长大了想干什么。"

我（一脸骄傲）："当外交官！"

父亲："你为什么要当外交官呢？"

我："我想学苏武牧羊，栉风沐雨，为国效力！"

那个时候，我正在看苏武牧羊的故事。这虽然只是父子之间一次随意的闲聊，却无意间在我幼小的心灵中埋下了从事涉外工作的种子……以至于在高二分班时我毫不犹豫地选择了文科，在高考时毫不犹豫地选择了外语类，直到被华中师范大学外语系录取。

到了华师，我才第一次见到了外教、外国留学生。那时我们住在西区，但军训的学生要统一到东区的一个学生食堂去吃饭，而那个食堂旁边就是当时的留学生楼。我远远看着与我们完全不同的他们，心中充满了好奇：除了肤色、头发、眼睛、鼻子这些生理特征与我们不同外，他们的穿着、走路的姿态、坐在地上那种随意而散漫的样子也与我们有很大不同。这是一群什么样的人呢？我心中想与他们走近，却又有几分胆怯。随着军训的结束，我们很少去东区了（当然这只是借口），整个大学期间，我竟没与外国留学生有过真正的接触。

真正第一次接触外国留学生，是在我参加工作以后。虽然从小心中就植下了想当外交官的种子，但由于华中师大的性质，毕业后我还是进入了教育领域，入职了当时的湖北医科大学，成了基础课部外语教研室的一名教师。当时学校聘请了一名外教，由外事办公室管理，但具体教学工作由我们教研室安排。领导见我年轻，就让我负责做他的联络人。记得有一年圣诞节，他约我和他一起去当时的华中理工大学参加圣诞聚会。在那次聚会上我算是近距离地接触到了外国留学生。但因为相聚时间短，加上时隔多年，我现在唯一记得的是当时一对留学生夫妇的两个孩子，大的十岁左右，小的五六岁的样子，大冬天的，穿着短裤，打着赤脚，满场跑，无比兴奋、无比快乐。嘿嘿，"小留学生"似乎更有趣哦。

再后来与留学生的接触，就到本世纪初了。当时湖北医科大学招了不少印度学生。我上班的5号教学楼就在湖医的留学生院旁边。这些学生平时也大多在5号楼上课，所以我经常在下课时、吃饭时碰到他们。他们总是自己聚在一起聊天，点自己喜欢吃的菜，相互之间嬉戏打闹，很少跟中国学生交往。我每次也只是从他们身边匆匆而过，偶尔会跟他们打个招呼，他们也都会礼貌地回应我。我逐渐明白，这帮人跟我们也差不多嘛。

2014年，经学校推荐，我被外交部选调，派驻赞比亚使馆工作，终于如愿以偿实现了儿时的梦想。遗憾的是，在赞比亚工作期间，我负责办公室和领事部工作，而赴华留学和孔子学院事务则是由政治处负责的（驻赞使馆是中小馆，没有单独设教育处），所以跟来华留学生接触的机会还是不多。

记得刚到赞比亚不久，由经商处选派到我国培训的一批警察正好结束培训返回赞比亚，经商处为他们举办欢迎宴会，邀请馆务会成员参加。我在那次宴会上第一次听到了这些培训回国人员对中国的赞美和感激之情，也结识了几位警察朋友，其中一位至今还和我保持着邮件联系。再就是赞比亚大学孔子学院每年都会在我们馆举办"汉语桥"中文比赛，选拔学生赴中国参赛。我虽然不负责与孔子学院的联络工作，但每次比赛的会务工作都是由我们办公室张罗的，我总是尽心尽力把一切安排得妥妥贴贴。孔子学院的何懿院长对此特别感激，到现在我们都还保持着很好的私人关系。我们的大使杨优明阁下对赴华留学的政府奖学金生特别重视，每年不但亲自审定名单，而且在学生们赴华之前总要在馆里设宴为他们饯行，叮嘱他们赴华后好好学习，学成归来为赞比亚的建设、为中赞友谊作贡献。

人心都是一样的，我们在赞比亚真诚、努力的付出换来了赞方对我们工作的大力支持。比如在我使馆的推动下，学成归国的赞比亚学生成立了留学生协会，会长是 Friday Mulenga 先生，当时在位于卢萨卡的卡翁达国际机场任总经理。我因为负责办公室和领事部工作，经常要赴机场接机送机、处理领保事务、接待国内团组等，与 Mulenga 先生和另外一位负责安检的 Jasper Mwanza 先生（他曾到中国参加商务部的短期培训）打交道比较多。在他们的帮助下，我们的人员往来都比较顺利。我每次都是直接到机场跑道边去接人，确保国内来人下飞机后第一眼就能看到我，消除他们初到异国他乡的陌生感和紧张感。在国内有高访团组访赞时，Mulenga 先生和 Mwanza 先生更是会亲自到机场安排，为我们接团提供了许多便利。留学生协会每年都会组织活动，除了加强与在赞中国留学生之间的联系外，另外一个任务就是协助使馆对即将赴华的赞比亚留学生进行行前教育，了解中国情况，再就是为学成返赞的留学生提供帮助，比如推荐工作。当然，有时候他们也会向使馆求助，希望使馆帮助这些学生在中资企业找工作。因为我负责联系侨社，所以也曾帮很多学生联系过在赞的民营企业。这样，我们之间一直保持着良好的互动状态，为增进两国人民的友谊贡献力量。

在赞比亚更有趣的工作是我负责的领事部每年都要处理大量赴中国学习的学生签证申请。看着赴中国留学的人数一年比一年多，我心中的喜悦之情也逐日上升。特别是每当遇到持武汉大学录取通知书的学生，更是无比高兴与自豪，盯着学生使劲问问题：你为什么选择去武汉大学呀？你去学什么专业呀？你之前对武大了解吗？等等。学生被吓得以为签证会通不过，却不知我是因为他 / 她要到武大学习，感到特别亲切才想多聊几句啊！

2021 年 11 月，我结束了近 8 年的驻外生涯，回到了祖国的怀抱。因为疫情，虽然入境了，却不能直接回家，需要在指定的酒店隔离一段时间。还在酒店隔离的最后一周，我接到了朋友发来的消息，说祝贺我履新。我上网一看，得知学校已经安排我到国际教育学院工作，心中既高兴，又感激，同时也有点紧张。高兴的是，经过这么多年，终于可以从事自己心心念念的工作了；感激的是，学校一直没有忘记自己，这么快就给自己安排好了工作；紧张的是，组织对自己这么信任，而自己却从没有直接从事来华留学教育工作的经验，不知道能不能胜任，会不会辜负组织的信任。未来充满了许多的不确定性，但有一点却是确定的，那就是自己心中对来华留学工作的那份热情一直没有变。

如果说，起初我对来华留学生工作的热情，在很大程度上只是源于对这份工作的好奇，如今随着自己在这个领域的耕耘越来越深，我对这份工作意义的认识也越来越清晰，当初的热情也早已演变成了一份认同与责任。

在国教院工作的这一年半时间，可以说酸甜苦辣我都经历过了。既见到了像唐校长那样对来华留学生教育事业高度重视，亲力亲为的领导，也见到了一些对来华留学教育不太理解，误将来华留学生视为"吃喝玩乐"群体的领导；既见到了为来华留学事业辛勤耕耘、默默奉献的教师、管理人员和后勤服务人员，也见到了许多排斥留学生，不认同、不接受留学生的导师、管理人员和社会人士。曾听到前辈们对待留学生的许多感人故事，也看到当时留下的一些珍贵视频，令我感动不已；同时，也不时听到社会上传来的对来华留学教育事业的否定态度，对留学生"污名化"的声音，又令我愤恨不平。

也许是因为自己从小就对这份工作有憧憬，也许是因为自己的驻外经历，我对留学生天然有一份亲近感，对这项事业天然有一种理解与热爱。特别是看到习总书记四次给来华留学生的回信，以及他关于教育对外开放，关于来华留学教育的讲话，我对这项事业的重要性的认识更加深刻！今年春天，我带团去马来西亚、新加坡、越南访问，见到那么多人对学习汉语的热情、对留学中国的向往，在与校友会见中听到、见到他们对母校的深厚感情，我对这项事业的认识又更进了一步。特别是在这次参与征稿过程中见到的人、读到的故事，更使我心潮澎湃，更加坚定了我从事这项事业的信心和决心！

我知道，自己心中的那粒种子呀，早已破土而出。不论有多少阻挠，要付出多少艰辛，它都会努力向上生长，直到长成参天大树！

两张画像

讲述人：程乐乐　1999 年华中师范大学文学院硕士研究生毕业，入职武汉大学留学
生教育学院（现武汉大学国际教育学院）任专职教师。现为武汉大学国际教育学院
教授、副院长。

在从事来华留学教育工作的二十多年里，我教过很多外国留学生，也与很多学生建立了深厚的友谊。每当结课、结业或毕业时我们都会一起合影，这些照片就是师生友谊的见证。除了合影之外，曾经有两位留学生在我不知情的情况下给我"画像"，我保留至今，印象深刻，成了我教学生涯中珍贵的回忆。

第一张画像是淑明女子大学的一名学生画的，他叫朴钟根。2002 年，武汉大学与韩国淑明女子大学签订了学术交流协议。从 2004 年起每年暑假，淑明女大就派遣中文专业本科生来武汉大学学习，每次 80 人左右，学习时间为 5 个星期。2005 年他们送来第二批学生，共 79 人，分为 4 个班，我负责一班的教学。朴钟根就是这个班唯一的男生。他性格内敛，上课的时候很严肃，下课的时候却又很活泼，经常和同学，甚至和老师开玩笑，是我们班的开心果。平时，班长处理班级事务的时候也请他帮忙，总能取得很好的效果。我给他们上汉语综合课，这门课重视语言点的讲解与操练，但在学生的要求下，我常常在课堂上设计各种交际情境，让他们运用这些语言点进行"表演"，效果很好。记得有一次我们学习"……是……，就是 / 但是……"这个语言点，我让学生两人一组"聊自己的男（女）朋友"，尹庆美和朴钟根对话是这样的：

尹庆美："钟根，昨天我看见你的女朋友了。听说她很有钱，是真的吗？"

朴钟根："唉，有钱是有钱，但是长得太丑了！"

尹庆美："没关系，丑是丑，可是她爱你呀。"

他们对话不仅仅关注语言本身，还配合有表情，现在回想起来，仍然让人忍俊不禁，印象深刻。五个星期过得很快，在结业晚会上，我们班决定表演昭君出塞，让我出演"皇帝"。为了表演效果好，他们彩排了很多次，尤其是汉语台词，大家反复背诵。后来表演的具体效果怎么样记得不大清楚了，只记得很是热闹，大家也都很开心。晚会结束时学生送给我一本相册，第一页就是朴钟根给我画的画像（见图1）。

大家互道珍重，并希望将来能够重逢。没想到一年之后我真的又见到了他们（见图2）。2006年5月，学校纪委书记俞湛明带团参加淑明女大百年校庆，我随团出访。就在俞书记发言时，因需要我也登台了，突然报告厅的后面传来了"程老师"的欢呼声。报告后，他们都围了上来，我才知道是师生重逢了。

第二张画像是一位越南同学画的，他叫阮德平。他2015年秋来武汉大学学习汉语，我是他的听力课老师。阮德平是一个内秀的学生，擅长素描，钢琴也弹得不错，生性敏感，内心丰富，常常给人一种多愁善感的印象。上课时我经常拿他举例子，希望他能融入集体中来。有一段时间，他似乎遇到了什么心事，总是郁郁寡欢，上课回答问题不积极，我还开玩笑地问他是不是失恋了。他总是笑笑算是回答。于是我就告诉他，可以跟学工办的王波老师聊聊天。又过了一段时间，他似乎心情就又

图1　朴钟根给我画的画像

图2　一年以后师生重逢

变好了。一天下课的时候，他递给我一张纸说："老师，这是我给你的画，怎么样？"（见图3）我看了很惊讶，因为画得很逼真，就连忙说："很漂亮！"他连忙回答："不是真的。"（这是我上课举例子时常用的口头禅）画像下面落款"您的儿子阮德平"，让人啼笑皆非。我告诉他说，"一日为师，终身为父"是个比喻的说法，是说要像对待父亲一样尊敬老师，不是真的父亲。于是他才把这个落款擦去了。

阮德平后来好像读了数学专业，再后来就断了音信。2020年疫情正严重的时候，突然收到了他的问候。去年得知他在越南一家公司做财会工作，经常派驻国外工作。后来他还向我请教了一些关于文学和佛学方面的问题。

往事，不管是痛苦的还是快乐的，回想起来总是感觉那么美好。现在追忆自己的教育生涯，这两幅画像很自然地浮现在脑海中。我不禁想，在若干年后他们再看到这些画像，会不会想起当年的珞珈流云、凌波朝阳呢？我想一定会的，因为武汉大学曾经有过他们的青春，有过他们的梦想！

图3　阮德平给我画的像

图4　阮德平生活记录

我的两位洋弟子

讲述人：陆建忠　理学博士，武汉大学测绘遥感信息工程国家重点实验室副教授，博士生导师。研究兴趣为生态环境遥感和模拟预报，主要研究方向有环境遥感、遥感资料同化模拟、气候变化与生态环境响应，遥感大数据与生态环境深度学习预报等，指导培养外国留学生多名。

留学，对于许多人来说，是一个梦想的开始，也是一段成长的历练。作为一位导师，我见证了许许多多学生的成长历程，而其中让我印象最为深刻的是那些来华留学的外国学生。他们在这里度过了难忘的时光，不仅获得了学位，还收获了成长与快乐。

我与留学生们的缘分始于十多年前，武汉大学与泰国科技部成立了武汉大学诗琳通地球空间信息科学国际研究中心。当时，课题组迎来了两位首批交流访问的泰国研究生，在磕磕碰碰的短暂交流中将他们安顿下来。尽管在工作中接触过国外学者，也有英语国家和地区短暂交流经历，但面对不同国家和文化背景的留学生，交流过程中仍存在诸多不畅。我便意识到，不同的语言环境使得留学生在国外的生活更加困难，在平时交流中应该更加注意语言交流方面的问题。自此以后，课题组源源不断迎来了巴基斯坦、印度、马来西亚、柬埔寨、缅甸、越南、孟加拉、尼泊尔、坦桑尼亚、佛得角等国家和地区的留学生。他们来自不同的国家和地区、不同的文化背景，但都有着对中国的热爱和好奇。我指导他们完成学业，也陪伴他们一起经历了生活中的点点滴滴。在这过程中，我逐渐发现，留学不仅是一种学习的方式，更是一种生活的方式，一种文化的交流，一种心灵的历练。

最让我记忆深刻的是一位名叫 Asif Sajjad（阿西夫·萨贾德）的巴基斯坦博士留学生。2017 年刚来中国的他对一切都充满了好奇和紧张，他必须克服语言障碍、文化差异，以及在一个陌生国家开始新的学术之旅的担忧。学校的课程设计中，都有汉语言文化课程，这让他与中国文化有了更深入的接触。在我的鼓励下，他能够安定下来，专注于学业。初次见面，他看起来有些腼腆，话不多，但能从他的言语中听出对拿到中国博士学位的坚定信心。在接下来的博士学习生活中，为了能帮助他更好地融入新的环境，把他安排在我的办公室旁边的学生机房，日常工作学习中总能看到他在机房的身影。渐渐地，我发现与其他留学生丰富的社交和到处旅游观光的生活不同，他经常能一整天专注地在电脑前做实验，也给了我一个渴望学习和专心科研的深刻印象。通过深入接触和交流，我慢慢了解到他来自巴基斯坦一个很偏僻的农村家庭，家里两个哥哥都通过努力取得了博士学位，分别在美国和英国从事科学研究，这样的家庭环境，从小就给他埋下了刻苦学习的种子。一分耕耘，一分收获！他在 2020 年武汉大学优秀国际学生奖学金评比中荣获"成绩优异二等奖"，在 2020 年和 2021 年连续两年获得武汉大学最佳外国留学奖。这是一种荣誉，也是对他投身科研、忘我工作的回报。此外，他还在实验室第二届国际研究生空间信息技术学术研讨会上获得最佳报告奖，这增强了他对自己科学研究的信心。

2020 年新冠肺炎疫情暴发，他没有跟随他们国家撤侨回国，始终坚守在学校学习，服从学校防疫政策管理。但疫情也给他的学业带来了一些挫折，无法来实验室做试验，正常学习节奏被打乱，等等。我将多出的笔记本电脑借给他，尽可能保证他在宿舍恢复正常学习工作。在疫情好转的一段时间，他接到家里母亲病重的消息，不得不回家探望照顾。然而我们都没有想到，此次回去，直到博士答辩我们再也没有面对面地线下交流过。家里安顿好了之后，他恢复了继续撰写博士论文的工作，但他们国家落后的网络和基础设施对他的科研造成了一定影响，这使得他有些许沮丧。尽管相隔千里，从微信聊天感受得到，很多在中国习以为常的学习环境，在巴基斯坦国内却十分难得，这使得他有些许不适应。在我的鼓励下，慢慢地他重新树立起勇气并决定搬到城市里面暂居。由于回国有一段时间了，国家留学基金委暂停了对他的资助，使得他面临着巨大的经济压力，无奈中向我表露出自己的拮据。我从项目劳务费中给他稍微资助，暂时解决了在城市里暂居的费用。果然功夫不负有心人，他在克服了重重困难后，博士期间发表了 5 篇 SCI 期刊论文和 3 篇会议论文，完成了博士论文并通过线上答辩，最终获得武汉大学的博士学位。我相信，在中国攻读博士学位的五年时间，一定是他生命中宝贵的经历。这段充实而丰富的经历不仅提升了他的科研能力，也使他收获了成长和快乐，变得更加独立、自信和成熟。作为博士生指导老师，我在博士生指导过程中也得到了锻炼，学会了"因材施教，因生导学"，获得了一段令人兴奋和充实的经历。在他的博士学习历程中，我也结识了他硕士阶段的老师，并有幸受邀参与申请他们国家"中巴经济走廊"专项项目，尽管最后未被获批，但从此搭建起了国际科技合作的桥梁。

疫情期间，Asif Sajjad 博士在找工作的过程中，我深深地感受到了他对中国和武汉大学的感激和留恋。在聊天过程中，他不断地表达对导师、对学校、对中国的感激，他非常怀念在中国和武汉大学的学习生活，并努力在中国科研院所寻找工作机遇。去年他告诉我，他最初在成都一个研究所找到了一个博士后的职位，但由于疫情原因无法来中国。相较之下，他更愿意在自己国家发展。最后，他从我这里获得推荐信，成功进入了巴基斯坦的顶尖大学 Quaid-i-Azam University（真纳大学）获得教职。我也衷心地希望他能够在未来的工作和生活中继续发挥自己的才华和能力。今年元月份，他们学校组织了一场国际会议，他作为组织方特邀我在会上作了题为"Water Resource Management Under Climate Change"的报告，会上与巴基斯坦国会议员、联邦气候变化部长 Sherry Rehman（雪莉·拉赫曼）女士同场报告，共同讨论全球气候变化及其区域生态环境效应。

另一位记忆深刻的留学生是来自缅甸的 Chit Myo Lwin（基特·米欧·温）。他是首批通过武汉大学与泰国东方大学及泰国地球空间信息科学和空间技术发展局 SCGI 双硕士学位项目来到武汉大学的硕士生。在来华前，他本科毕业后在缅甸创业，开发水动力时空分析软件，并在泰国东方大学已经选好硕士论文题目。因此，指导该生应该是相对容易的一件事情。在来华交流的一年时间里，他积极参加实验室各种学术与课外活动，很轻松地完成了硕士论文。而让我记忆深刻的是，他毕业之后，缅甸国内发生了严重的政治冲突，对普通人的生活造成巨大的影响。在国家动荡期间，只要能连上网络，他都会跟我谈论生活不易，创业基本没有什么业务。我作为导师对他进行了开导，建议他在没有繁忙业务时多学习感兴趣的知识重获信心。就在去年底，他决心申请攻读博士学位，我也积极给他做推荐，尽可能地给予他更多的支持和帮助。最终他成功受资助来华参加联合国教科文组织和对地观测工作组 GEO 举办的培训学习。尽管我们还未见面，但能感觉到他对未来充满信心，一直保持一颗坚持学习的心。希望他能顺利申请到博士项目，为自己的理想而学习。

　　来华留学不仅仅是一段美好的经历，更是一段成长和蜕变的历程。在这里，他们付出了许多努力和汗水，积极参加各种学术活动和文化交流活动，多名留学生多次获得武汉大学优秀国际学生奖学金以及实验室星湖奖学金，获得学位。他们不仅收获了很多学术成果，还结交了来自不同国家的朋友，了解了中国的历史和文化，同时也学会了如何适应和应对新的环境。来自不同国家和历史文化背景的留学生在中国找到了自己实现梦想和未来的途径，留下了珍贵的回忆。尽管留学的旅程中，他们面临许多挑战和困难，也正是这些经历让他们变得更加坚强和自信。他们学会了如何处理人际关系，如何应对语言和文化差异带来的挑战，也更加深刻地体会到了尊重和包容不同的文化和个人差异的重要性。

　　通过与留学生之间的交流和合作，首先，我深刻地感受到了留学生的成长和变化，并收获了许多珍贵的经验和感悟，也深深地感受到了多样文化碰撞和融合的重要性。其次，我学会了如何更好地指导留学生，如何更好地与不同文化的人交流，也更加深刻地体会到了尊重文化多样性和包容性的重要意义。最后，我认识到了作为导师的责任和使命。在未来的日子里和教学工作中，我会继续努力，尽我所能去帮助我的学生，引导他们走向成功；继续为更多的留学生提供帮助和支持，陪伴留学生走过他们青年时期一段难忘的旅程。同时，我也期待着更多的人加入这个大家庭中，共筑青年文化国际交流平台，让更多留学生在中国的土地上留下美好的回忆，并为国际社会交流合作作出贡献，为推动社会进步，谋求人类福祉，构建人类命运共同体贡献力量。

平淡与绚烂

讲述人：周颖菁　1996 年武汉大学中文系（现武汉大学文学院）硕士研究生毕业留校，入职武汉大学留学生办公室（现武汉大学国际教育学院）任专职教师。现为武汉大学国际教育学院教授。

1996 年 6 月我硕士研究生毕业，彼时研究生颇少，特别是武大这样的名校，所以毕业时我有好几个工作选择，高校、政府部门、电视台等。我当时并无明确的人生目标，更无清晰的职业规划，面对这些不同性质的工作单位，不知如何选择。父母建议我留在武大，于是我便听从，这样至少省事，不过是把宿舍从枫园搬到湖滨。就这样，我懵懵懂懂地成为了当时还叫"武汉大学留学生办公室"的一名对外汉语教师。

时光倥偬，转眼已 27 年。常认为时光平淡，一名普通老师的生活不过是日日类似的重复，然仔细一想，27 年的时间，发生了太多，单位的名称从"留学生办公室"到"留学生教育学院"到"国际教育学院"，学科的名称从"对外汉语教学"到"汉语国际教育"到"国际中文教育"，湖滨到枫园的路从泥泞土路到坦途，教学楼从破旧工厂车间改造的两层水泥小楼变成了宽敞明亮的枫园教学楼。而这近三十年的时间，赐予我的最大的财富应是教过的几百名学生，他们从世界各地而来，汇聚到珞珈山下的枫园。在这篇文章中，我想写写他们。

过去的学生

教过的学生太多，这里就写我的第一届学生和印象深刻的学生。

二十多年前的事情大多忘记，但非常神奇的是我至今仍清晰记得第一届学生的名字和样貌，记得作为新手老师第一次上课的情形。

在水泥小楼的二楼，靠外招马路的第一间教室，是中级班，我教口语和听力，用的教材是《中级汉语听和说》。上课铃响，我紧张地走进教室，见到我职业生涯的第一批学生。学生不多，捷克的什捷潘、鸽子、维基，德国的施明强和白素珍，泰国的李创鑫，日本的堂园花纪子和松见琴世。什捷潘戴一副圆框眼镜，虽是青年，却已有浓浓的知识分子气质；鸽子令人吃惊地是位彪形大汉；维基淡金色卷发，相貌甜美；施明强是德国硬汉，目光锐利，长发披肩；和白娘子名字相仿的德国女孩儿非常害羞，脸上挂着淡淡的微笑；李创鑫个子高大，却长相俊秀，举止温柔；堂园花纪子容貌秀美，聪慧精明；松见琴世相貌朴实，满脸谦逊，有些紧张。

那时我和他们年龄相仿或稍长，战战兢兢、照本宣科、平淡如水地开始了第一课。一个学期的课上下来，长进甚微。但学生给了我极大的宽容，给予了我很大的鼓励，学期中和学期结束的时候，我收到了他们送的一些异域风情的小礼物，这些礼物至今仍摆在我的书房，略微褪色，是时光的痕迹。

之后也有很多学生给我留下了深刻的印象，例如捷克的郇云笙，温润如玉，对中国传统文化信手拈来，仿佛从古代中国走来；有一年的班长胡歌，热情真诚，很有号召力，现在已是中国援建巴基斯坦一个大型水电项目的骨干翻译；韩国女孩文卿，下课总是追着我问问题，满满的认真和求知欲，回国后她总是第一时间和我分享好消息，过了HSK6级、考上了独木桥那边的公务员；法国女生冬月舞，在国际文化节以一曲优美的芭蕾惊倒全场，在特别的那年，在一个影响很大的公众号视频里，我突然看到她，她眼中含泪地说，"我想念武汉，想念武汉大学"；优雅又活泼的韩国奚琴演奏家李京昡，第一次上课时认真地自我介绍，"我是武汉媳妇"。

而这些年中，让我印象最深刻的学生是松尾智子。有一年开学的时候，我给进修生进行分班面试，面试问题回答完，她有些不好意思地说，"我是一个老人"。她确实是我教过的年纪最大的学生。那个学期我教中级综合课，第一次上课结束后，她有些小心地问我是否可以课上录音，以便下课再听。我自然允许，心想年纪大的人学语言太不容易。然而她的第一次作业就让我吃惊，工工整整，准确率非常高，第一次考试便接近满分，以后的次次考试在班上都是名列前茅。她唯一比较弱的是发音，但她并不羞于开口说，总是一板一眼认真地慢慢说，并乐于接受我的纠正。

她腿脚不好，我开始以为只是一般的风湿病，后来见她有时拄杖行走，才确定她是腿有残疾。她也并不避讳，告诉我她年轻时是一名舞蹈演员，后来受伤不能再跳舞。这样重大的人生挫折似乎并没有给她留下抹不去的阴影，或者阴影已艰难地抹去。她性格开朗，脸上总是明媚的笑容，和比她年轻许多的同学相处融洽，没有什么代沟，腿脚残疾也不影响她参加各种活动、和校内校外的中国人交朋友。

学期结束，我让学生做一次总结发言，她的发言题目是"我的梦想"。她说，几年前，她对中文和中国文化产生了强烈的兴趣，努力自学，越学越入迷，心里产生了一个强烈的愿望，一定要到中国学习。然而她面临很多困难，首先就是她的腿脚不方便，这是很现实的问题，另外就是经济问题，她的丈夫是一位古巴音乐家，日语不好，她是他的经纪人，帮他在日本联系、安排工作，她来中国就意味着丈夫没有工作机会，他们也失去了经济来源。但是来中国学习是她内心挥之不去的声音，她的丈夫也支持她不管怎样也要实现梦想，于是便有了她来武大的经历。

现在的学生

2022 年到 2023 年这一学年的学生，特别值得一提，因为他们的优秀，我对未来事业的发展更充满了期待。

2022 年 9 月开始的秋季学期，我担任汉语言专业本科二年级的口语课教学。除了本科二年级的学生，这个班还有一些具有同等汉语水平的进修生，无论是本科生还是进修生，汉语水平都相当不错，学习也非常认真，课堂参与度很高。

这个班越南学生 6 名：陈阮金银是班长，诚恳宽厚，一丝不苟，学汉语不到一年就通过了 HSK6 级；芳英，热情开朗，多才多艺；明玉，年纪较长，格外珍惜学习机会，非常勤奋；桥庄，能写会画，颇具才情，发言水准很高；琼芝性格活泼，充满好奇心；清红以前曾在武大学习过，她的发言每次都指向一个主题——"我好想武大"。泰国学生 4 名：李秀林汉语娴熟流畅，声音甜美；张思义乖巧伶俐；陈宝珠踏实稳重；吴晶晶温和细致。土耳其学生 3 名：艾夏雨思维活跃，善于表达，即使是在线上，也能引燃气氛；美瑶多才多艺，在一次视频发言中她带大家游览伊斯坦布尔，落落大方，令人印象深刻；妮莎自律好强，自我要求很高。日本学生平泽桦菜，发言并不特别主动，但精准到位，作业也十分出色。智利学生冯涛，对中国传统文化达到痴迷地步，摄像头里他的房间是中国书法、中国画和红灯笼组成的微型中国。乌兹别克斯坦学生罗佳，很有自己的想法，发言总有独到的观点。朝鲜学生李哲成，成熟稳重，谦谦有礼。俄罗斯学生沈梅莉，她的发言让大家领略了森林和冰雪中的风景。韩国学生林泰勋，汉语水平高，当时他已在武大，常回答大家的一些疑问，帮助解决问题。英国学生周海丽，个性十足，她以前来过中国，会和大家分享在中国的见闻。印度尼西亚学生佟年，课外是一名潇洒的乐队鼓手。喀麦隆学生朱风，多次在征文、中文歌比赛中获奖。

虽然是线上，但因为有学生们的配合，每次课都很顺利，有几名学生整个学期熬着时差上课，让人心疼也感动。偶尔一两次学生没上线，后来会告诉我是因为实在太困没听到闹钟响，会看回放。有次上课冯涛突然掉线，发微信让我等一下，过了一段时间又重新上线。后来他告诉我那天智利发生了大地震。

两年多的线上课经历，让我们老师已成为虚拟教学的熟手，学生们也克服困难非常配合。但虚拟技术无论如何成熟，也比不过人和人真实的交流。2023年3月，线下课开始。线下课的这个学期，进修生单独组班，成为中级2班，我教本科二年级口语和中级2班阅读。本科生悉数归来，进修生中冯涛、明玉、桥庄申请下个学期来武大，英国周海丽和土耳其妮莎继续在本国大学学习，除了他们，其他进修生都来了武大。

师生从线上汇聚到珞珈山下东湖畔的枫园教学楼，熟悉的陌生人终于见面。三月初的武汉已是春始，学院门口的枫树长高了不少，珞珈山草木更为葱茏，令人百感交集。

线下课的效果自是线上课无法比拟的，还有重要的一点是，学生们开始真实的大学生活，实实在在地感受学校、武汉和中国。他们在武大图书馆看了书，赏了樱花，拍了凌波门的日出，观看了五四青年节学校盛大的晚会。他们学了中国画，参观了湖北省博物馆，去了北京。

他们参与了学院和学校的不少活动，其中让他们难忘的肯定有张思义参加的"武汉大学十佳歌手"大赛。经过海选、初赛和复赛，张思义进入了最后的决赛，但武大校园活动超乎想象的大阵势让她非常紧张，多次想退赛，最后在老师们和同学们的鼓励下，她勇敢地站上了决赛舞台，取得了第4名的好成绩。决赛当晚，大家早早来到梅园小操场，为她加油打气，结果出来，大家为她高兴喝彩、激动落泪。这是属于青春的经历，真正的大学生活拉开了序幕。

　　这个学期学院有一件大事，就是迎接来华留学质量认证专家组的现场审查，我们本科二年级口语课被抽选，学生们既紧张又好奇又期待。那天走进教室的时候，我有些吃惊地看到平日素颜的女孩子们都化了淡妆。听课时学生们非常配合，展现出了良好的水平和风貌。他们真心把自己看作珞珈学子，想为学院、学校增光添彩。

　　下个学期学生们将进入本科三年级，相信他们会取得更大的成绩。他们也将有更多的跨文化体验，酸甜苦辣都会让他们成长。而毕业之后，他们会像众多的学长学姐，把中文、中国文化、中国形象转播到世界的各个地方。

　　回首望去，当初茫然的选择，让我成为一个和世界相连的不普通的人。这些年来，从学生那里，我得到了一个辽阔的世界，学生对我的信任和惦念，是时光中的琼瑶，让我平淡的人生变得绚烂。

　　近三十年的时间，遇到的人和事也不全是美好，也有不少着急、不解，甚至是生气的时候，但记忆似乎总愿过滤掉不快，保存美好，而且即使不快尚有些微淡影，也是斑斓色彩中的一种。

　　"桃李满天下"，是人们最常用来说教师成就感的话，但我一直觉得有失偏颇，感觉其中隐隐有教师泽被学生的居高临下，而近三十年的教学生涯，更让我觉得，师生的相遇，是一场互相成就的双向奔赴。

国际暑期学校与国际学生培养

讲述人：关琳　测绘遥感信息工程国家重点实验室研究生工作办公室主任、留学生培养办公室主任，从 2011 年开始参与策划、组织地球空间信息科学国际暑期学校工作，教育国际化工作成果获 2019 年武汉大学教学成果特等奖，2022 年教育部教学成果奖一等奖。

武汉大学测绘遥感信息工程国家重点实验室（以下简称实验室）自 2011 年起，已连续举办 13 届"地球空间信息科学国际暑期学校"（以下简称国际暑期学校），为全球范围内地球空间信息领域研究生拓展学术视野、启发创新思维提供交流平台，进一步扩大武汉大学测绘遥感学科国际影响力，助力来华留学品牌建设，已办成本领域国际知名的国际暑期学习品牌。2023 年举办的第 13 届暑期学校，是疫情结束后的首次线下活动，吸引了来自国内外 28 个国家的 110 名学员，课程内容前沿性强，受众多，学员反响大，让我们再次感受到了线下暑期学校的强大感染力。

本人有幸亲历了暑期学校 13 年来创办、创新、坚守的历程，回顾和整理个人感悟，希望能为不同学科的国际暑期学校活动的组织提供一些工作经验。

创办之初

1. 国际化定位，打造武汉大学暑期学校特色品牌

暑期学校创办之初，时任实验室主任龚健雅教授就为暑期学校明确国际化定位，希望通过活动吸引外籍高水平学者前来讲学和做研究，吸引国内外优秀人才来汉学习，助力我国地球空间信息学教育与研究的国际化水平提升，力争办成世界知名的

研究生暑期学校。

这一阶段，实验室每年都会邀请 4~5 位国际知名学者为在校研究生讲授全英文专业选修课，这批有着丰富教学经验的国际化师资成为暑期学校创办初期的主要教学力量。随着暑期学校稳步推进，实验室开始面向全球广发邀请。每一位有国际合作伙伴的老师都可以推荐暑期学校的授课老师。2015 年起，暑期学校的师资力量已非常雄厚，几乎每年开设 3 门课程，邀请来自中国、美国和欧洲的学者分别主讲一门课程。学员较高的专业水平、极佳的授课体验给海外教授们留下了深刻印象。一些学者后续和实验室教授团队开展了更深入的交流合作，并开设了研究生全英文专业选修课。

创办初期，参加暑期学校的生源主要来自与实验室有着一定合作基础的国内高校和科研团队。这一时期，通过国际暑期学校，双方加强了合作交流。随后越来越多的学员参加了暑期学校，回到自己国家帮助宣传推广，实验室在本领域国际学生中的知名度也在不断扩大。

2. 高品质办学，设计科学合理的课程方案

暑期学校课程和常规课程相比，具有以下特点：时间相对较短，学员和教授以及学员和学员之间的交流时间有限；讲授的课程内容相对集中，学习强度大；学员的背景和基础千差万别，讲授内容的深度需要特别把握。因而，暑期学校要取得好的效果，需要前期精心设计课程内容和办学方案。

管理团队事先会与主讲教师反复沟通，预测学员的基础情况，确定课程内容范围和细节，让优秀的学员能够更上一层楼，让基础差的学员也有所收获。暑期学校的学员将根据自己的专业领域选择一门课程进行学习，课程授课内容由浅至深，系统讲授各自领域的基本理论知识，并通过上机实践锻炼学生的实际运用能力。每门课程由课堂讲授（12 个学时）、上机实践（3 个学时）、课程设计（1 个学时）四个部分组成，共计 1 学分。

在实践环节，老师把上课的知识融入实例中，学员们能够把所学知识直接用于实际，加深对理论知识的理解。通过学习，学员们能够接触到相关领域前沿成果，并能实际操作和使用最新的软件和技术。

为了帮助学员更深入地理解和应用课程中所学知识，暑期学校课程考核均采用课程答辩方式。学员自由组成 4 人左右的研究小组，通过交流协作，挑选题目、选

择数据、实验分析、获得结论并进行成果展示，从而获得课程成绩。学员都乐于组成跨国团队，期待多元化的沟通和思想碰撞。在最后一节课的课程设计答辩环节，任课老师从每门课程选出 1~2 组优秀成果，在结业典礼上颁发优秀学员证书和奖励。自从这一考核方式被采用，学员们的学习主动性被大大激发，全英文环境下的团队协作能力、沟通交流能力、抗压能力同时得到锻炼，演讲展示技巧得到快速提升。

"在'时空大数据分析和数据科学'课程中，我学到的 NoSQL 数据库和 head-tail-breaks 分类法，都可直接运用到现在的研究中。能够和来自各个国家、富有创新精神的同学组成小组，是非常棒的体验！"德籍博士留学生 Jendryke Michael 说。他所在的团队在课程项目考核中获得优秀成绩，全组成员获评"优秀学员"。

创新之路

1. 多元文化交融，传播中华优秀文化

"实验室每年举办国际暑期学校吸引各国学生来中国感受我们的科学技术和教育水平，同时提供高端学位项目，为发展中国家乃至发达国家培养一批知华、友华、亲华、爱华的未来领袖人才，为'一带一路'倡议的可持续发展奠定基础。"李德仁院士在谈到暑期学校和来华留学工作时，特别提到中华文化认同的重要性。

为此，在课程之外，工作组开始探索促进文化交融的活动形式。比如 2014 年，部分学员自费前往宜昌市，参观了三峡大坝水电工程。2015 年暑期学校举办了羽毛球友谊赛，并于当晚在实验室观看电影。2016 年起，每年的线下活动中都安排了参观湖北省博物馆的行程，带领学员充分感受中华文化悠久的历史和人文情怀。即便是 2020—2022 年的线上活动中，我们也在腾讯会议和微信群里开展了很多文化交流活动，如线上歌舞晚会、美食秀、优秀文化交流作品评选等。

经过多年实践，文化交流 party 被认为是在促进文化交流上效果最佳的活动形式。在暑期学校的邀请函中，我们会提醒来自不同国家的学员在行李箱中带上具有民族特色的服饰或道具。待到大家相聚武大，在几天的交流中情感和友谊逐渐加深之时，文化交流 party 就会如约而至。这一天，学员们会身着民族传统服饰，自信地展示各自国家的文化和艺术：奔放粗犷的非洲土著舞、含蓄细腻的柬埔寨宫廷舞、动感活力的韩国女团舞，俄罗斯、蒙古、阿尔及利亚的精美服饰让人目不暇接。压轴环节出场的中国书法，则会引发全员参与的热情，大家纷纷尝试写出自己的中文名字

和吉祥词语，拥抱博大精深的中华文化。

2. 信息化管理，拥抱网络技术提升教学效果

当暑期学校举办至第三期时，组织工作已经形成稳定模式。彼时，网络和数字化技术开始更深刻地融入人们的教学和日常交流中。

2015 年，暑期学校的工作团队紧跟新技术发展趋势，在实验室研究生的帮助下专门开发了具有响应式设计和全端支持的 Web 网站、手机 APP，组建了微信群，实现了报名、招生、教学的全信息化管理，大大提高了管理效率和服务质量。暑期学校网站设有"课程介绍""教学大纲""教学日历""教师信息""必读文献"模块，以便学员了解教学计划，有备而来；随着课程推进，在"课程讲义"模块录入教师课堂呈现的 PPT 文件，确保学生能及时获取课程最新内容，温故而知新。

暑期学校手机 APP 具有推送消息、资源分享、教学管理功能，方便学员的教学与日常生活。学员在每节课前扫描课程二维码即可签到，课程结束后登录 APP 可查询课程成绩，并对课程作出评价。同时，APP 加入了地图导航功能，帮助学员前往教室和酒店。随着微信小程序等功能逐渐强大，暑期学校 APP 于 2019 年起不再主动提供给学生下载。

"暑期学校组织得很成功，从课程设计、文化活动安排、网络技术运用，都非常有国际范儿，暑期学校的工作团队值得肯定！"来自美国密歇根大学的李斌教授在参与暑期学校授课后盛赞。

坚守不易

1. 疫情下坚守，开启全面线上教学

新冠疫情给暑期学校的组织工作带来了全新的挑战。线下活动无法开展，实验室领导班子为此召开专题会议，讨论并决定继续在线上开展暑期学校活动，让世界看到武汉这座英雄城市和武汉大学测绘遥感学科的办学实力，同时也为世界各地被困在家中的学子提供一次线上学习和交流的平台。

2020 年，我们成功摸索出了线上举办暑期学校的实施路径。我们借鉴了清华大学暑期学校的线上举办经验，按照线下的标准和流程，录制了暑期学校的开幕式视频，李斐副校长在多次参与线下活动后，首次在绿幕前完成了暑期学校致辞。在多方调研和征求任课老师的意见后，我们采用 Zoom 作为授课软件，邀请来自美国、

意大利和武汉大学的三位学者为同学们进行线上授课。这一年，来自 17 个国家的 102 名学员在云端进行了为期一周的学习。

2021 年，暑期学校在全球媒体宣传工作有了重大突破。我们加深了与暑期学校赞助商广州中海达公司的合作，借助中海达国际业务部的全球社交媒体和行业平台，如官方网站、Newsletter（电子报）、社媒及 Google 付费广告等多渠道持续进行线上的数字化推广，精准覆盖目标人群，暑期学校的网页浏览量较往年同期有了 200% 的增长。同时暑期学校工作团队为三门课程精心制作了先导视频，尝试通过流媒体进一步扩大课程宣传信息的传播性和吸引力。最终，33 个国家的 107 名学员被选拔参加了线上暑期学活动，参与国别数创历史新高。

通过前两年的课程讲授实践和反馈，在 2022 年，暑期学校调整了教学风格，推出系列前沿讲座，围绕智慧城市主题，将武汉大学测绘遥感学科的前沿成果和学者汇集，向全球推出智慧城市的武大解决方案。这一变化给暑期学校的生源带来了巨大的增长，65 个国家的 700 名学员在线上参与了本次暑期学校。

2. 有组织实施，组建和历练高效工作团队

实验室党委始终高度重视暑期学校工作，成立了暑期学校管理团队负责暑期学校的计划与实施工作。实验室分管人才培养、国际交流的副主任吴华意教授负责整体工作，实验室国际交流领域的知名教授负责课程的教学方案设计，研究生工作办公室负责暑期学校的日常事务管理工作。

考虑到暑期学校的工作内容繁杂、工作量大，要做到让学员满意离不开规范和周到的细节安排。而暑期学校的管理团队除了固定的几位教授和行政老师外，几乎每年换一批学生志愿者团队。在实验室这样体量的单位，每年组织一场国际暑期学校，其实是对团队工作能力和责任心的极大考验。难得的是，十三年来，我们坚持走了下来。分析原因，一方面是志愿者队伍的有力支撑，一方面是工作经验的记录和传承。

每年志愿者的第一次会议上，我都会和同学们细数暑期学校从无到有、从小到大的成长过程，引导同学们看到活动背后的价值和意义。在老师们的指导下，志愿者们会从发布通知、网络宣传开始，到邀请函办理、注册报到、活动组织、课程助教、开闭幕式会务，直至完成工作总结，方才走完暑期学校的全流程。面对这么一个充满挑战的全英文工作场景，同学们在其中边学边做，不断解决问题，锻炼了素质和能力。

同时，在吴华意教授的指导下，暑期学校工作团队坚持进行活动总结，形成集锦文档，将一次活动沉淀为一段文字和一本手册。在老师和学生志愿者的及时记录和一次次工作复盘中，一套成熟的工作流程和业务文档已然形成，大大提升了工作效率。

一位志愿者在工作总结会上分享说："暑期学校的组织工作是这个学期我认为的让自己成长得最快最有意义的工作，今后再面对大型、组织工作复杂的工作，我有信心可以胜任！"

更让我们感到欣慰的是，在志愿者与学员的交流过程中，友谊变得深厚。微信群聊的高频词，由初期的"老师，请问""感谢志愿者"，逐渐变为"和你们在一起很开心""我爱武大""有机会到我们学校学习"……学员们由最初的小心翼翼逐渐变得活络，无话不谈。

亲历暑期学校的十三载，也是我个人入校工作的十三载，更是见证我国高等教育国际化不断发展、社会经济不断进步、学生素养不断提升的十三载。很荣幸自己的成长能够融入武汉大学的国际教育工作、"留学中国"品牌建设工作中，祝福学校的国际教育事业越办越好！

三好学生牧野田

讲述人：李澜　1994 年武汉大学中文系毕业后任教于国际教育学院至今。2006—2007 年，日本东北大学国际文化交流科访问学者。2013—2016 年，在巴黎狄德罗大学孔子学院任教。

　　教留学生汉语已近三十年，教过的学生自然形形色色。牛津剑桥东大的高材生有之，平平才智普通大学毕业的有之；淳朴粗俗者有之，教养深厚者有之；政府官员有之，大学教师有之；退休后活到老学到老的有之，到中国开拓市场的中年商务人士有之，当然更多的是年轻学生。孟子有言，君子有三乐，其中之一是"得天下英才而教育之"，以天下的范围论，教留学生的教师们接触的学生来自四大洲五大洋，是真正的天下了，其中的确不乏杰出之士，我也有幸体会到了这种"君子之乐"。

　　虽说老师都欣赏才华出众的好学生，不过遇到凡事都要弄个分明的学生也是很烧脑子，要得体应答也得修炼自己。

　　牧野田就是这样的学生，辞掉日本大报的记者职位，跑到武汉大学留学生部来念中文，提问自然是最为擅长。我永远记得他问的第一个问题："东来顺是什么意思？是从东边来很顺利的意思吗？"那时还没有互联网和百度，他的《岩波汉日日汉词典》自然也查不到这个词。我忍住笑，告诉他，这是北京语言大学编的汉语教材，所以里面有很多北京的地名、饭馆名和商店名，东来顺就是一家以羊肉火锅知名的老字号餐馆。他听了很感兴趣，从此把东来顺列为人生必吃餐厅。渐渐地，他开始问的就是诸如此类的问题："这个新闻里的'决不允许某些国家对这个问题说三道四'，这个'说三道四'到底是什么意思？""为什么你们的新闻里经常出现这个'说三道四'？是不是 1949 年以后才有的说法？"好在我从武汉大学中文系学养深厚的老教授那里学了几年古代汉语，告诉他这个词虽然经常用在《人民日报》的社论里——作为记者，他自然每日必读《人民日报》——但这个说法从清朝开始就有了。只是这个成语只有在大的成语词典里才能找到出处，所以很多人以为这是现代才有的成语。

如此这般，课前课后，都是牧野田在问各种问题。他能观察捕捉到一些难解的语言现象，而在老师解析后瞬间触类旁通，自然汉语水平突飞猛进。因此，上课时看到学生们回答不上来问题，所有老师的反应都是：牧野田同学，你来回答一下。估计也没少受班上同学的羡慕嫉妒恨。

其实牧野田同学以前并不是那么优秀的。我们比较熟悉之后，他和我说起自己的人生经历：

他第一次高考失利，晚上偷听到父亲对母亲叹息："这孩子，脑袋实在太笨了！"从此，他发奋补习，一举考上了早稻田大学。父亲高兴坏了，祖祖辈辈都是鹿儿岛的农民，没想到儿子考上了名校，一高兴，给儿子买了辆摩托车。牧野田的大学上得马马虎虎，经常带着女朋友兜风，东京的犄角旮旯倒是摸得门儿清。毕业了，他在福冈的报社找了份记者的工作，可是工作起来就不那么顺手了，这个小年轻经常被总编训，说他找不出有报道价值的新闻线索，写的稿子全无意义。

苦闷之余，一位在福冈当导游的中国人推荐他到中国来留学。牧野田就这么离开娇妻，破釜沉舟地辞职过来读书："现在我没有收入，只好努力学习。"牧野田住最便宜的两人间宿舍，为了省钱经常吃方便面。为了避免干扰，他每天七点左右就到教室看书，逮住早去的老师练习对话。

我那时住在湖滨的教师筒子楼里，离教室不太远。有的时候他也到我房间里来聊天，我也经常介绍邻居们和他一起聊。有天晚上听到楼下有人叫我，推窗一问，答："三好学生牧野田。"哎哟，牧野田同学，这可不符合中国习惯，你老人家使君有妇，我丑女也有了未婚夫，大晚上在楼下叫我的名字，这简直向整楼宣布，我有了个外国男友。我只好下楼，问他："你为什么自称三好学生？"他说："我们的课本上说德智体都好的学生叫三好学生，我觉得我很符合这个标准啊！"

三好学生学得着实很好，很快以高分通过了汉语水平考试的最高等级。两年后牧野田回到福冈，重新在报社就职。采访中国驻福冈领事时，一口跟中国人一般流

利的汉语让领事惊叹不已，于是但凡领事馆有事，他都可以独家报道。某年，有个别中国留学生在福冈犯案，牧野田在中日两国全程跟踪报道，还在报上撰写了评论文章，以自己的亲身经历证实绝大多数中国人是善良友好的国民。他寄给我一份，上面赫然有段我早已遗忘的某件事：某次他生病了，没有上课，我带了点水果去看了他，让他很受感动。其实我那时是班主任，去看望班上生病的学生完全是分内之事。

　　牧野田不久就被那家大报派驻北京。按照他的说法，从此过上了幸福的生活，去东来顺吃饭自然不在话下了。懂汉语的记者的最大愿望就是驻北京，而且他算是个小头目，有专职司机和编辑助理。结束驻京回国之前，他专程回到母校来看老师，还有当年那位担保他到中国来留学的人。

　　这的确是国际教育交流的意义所在。不管是老师还是学生，在有了教育交流的亲身经历以后，必然对其他国家的人民的文化有所感受和理解，这确实非常有利于消解不同国家和地区的人们之间的敌对和隔阂，传播知识、理性和友善。

麦克博士

讲述人：李熙　武汉大学测绘遥感信息工程国家重点实验室教授，博士生导师，卫星遥感专家，国家高层次青年人才计划入选者，2021 年获得国家科技进步一等奖。在 *Nature Food*, *RSE* 等期刊发表学术论文四十余篇，主持国家重点研发计划等多个项目。

我从 2015 年开始，先后指导过来自阿尔及利亚、德国、巴基斯坦、老挝、泰国的留学生。其中，来自德国的麦克·延德里克作为博士后与我一起参与过科研和国际交流工作，对我校测绘遥感学科作出了贡献，这里我要讲讲他的故事。

首先简单介绍一下主人公。麦克的英文名叫 Michael Jendryke，姓氏为 Jendryke（延德里克），照道理应该称呼他为 Jendryke 博士，因为 Michael 发音朗朗上口，实验室的老师和学生都直接喊他 Michael，所以干脆喊他 Michael 博士，他也没有意见。麦克于 2005—2008 年、2008—2010 年就读于德国的波鸿鲁尔大学，分别获得地理信息方面的学士和硕士学位。在硕士就读期间，前往联合国训练研究所（UNITAR）下属的联合国卫星中心（UNOSAT）实习，并在硕士毕业后，在该单位短暂工作了一段时间。本着对东方文化的向往，他获得了我国国家留学基金委和德意志学术交流中心的资助，于 2012—2016 年在武汉大学攻读博士学位，师从测绘遥感信息工程国家重点实验室的廖明生教授和 Timo Balz 教授。他在读期间学习了合成孔径雷达（SAR）技术和地理分析方法，这是两类完全不同的研究主题，因此他的博士学位论文的内容高度交叉，他的博士论文内容非常有意思。

我第一次见到麦克，是在 2015 年的某一天，在 Timo Balz 教授的办公室，当时麦克留着很酷的小辫子，很热情地给我打招呼，随后我们加了微信。有时候和他约顿饭，主要聊聊他为什么来中国留学以及以前的经历。于是，我们慢慢变得熟悉起来，也了解到他在中国留学的时候娶了中国太太。转眼间到了2016年，他从我们实验室毕业了，我有时候也和他聊聊他今后的职业规划，他说一直在考虑。有一天，我和他一起吃饭，他突然告诉我，想留在我的团队做博士后，这让我非常惊讶。我问他为什么，他告诉我，我做的遥感研究很有意思，可以用来解决国际社会的问题，因此很想参与。需要简单介绍一下，我曾经利用夜光遥感技术评估了叙利亚人道主义灾难，获得了联合国的引用，还被许多国际媒体报道，这在当时的学术圈里有点"非主流"，这或许是吸引他的原因吧。

2017年11月，经过学校部门的严格考核，他顺利地入职成为了测绘遥感信息工程国家重点实验室的博士后研究员。因为麦克的文化背景，我没有安排他按照传统模式参加科研项目，我安排给他的工作主要是提升课题组的英文水平、提升课题组的程序编写水平和协助课题组开展国际交流。虽然英语不是麦克的母语，但是他长期在英文环境中生活和工作，因此他的英文非常流利，我经常有意地安排他和团队学生在一起交流。由于麦克的母语不是英语，所以他不使用复杂的英文单词和句式，加上他的发音非常清晰，所以与他交流反而非常轻松，因此我的学生的英文水平也有明显的起色，我的学生也非常喜欢和他聊天。除了平时的英文口语练习，我还安排麦克帮助学生修改英文论文，在这个过程中他充分体现了德国人的严谨，他会对论文每句话仔细揣摩，并和论文的第一作者进行充分讨论，因此，被他修改过的论文从来没有因为英文语法问题被审稿人批评过。考虑到麦克曾经长期从事程序编写的科研和工作，特别在地理信息数据处理方面具有丰富的经验，因此我安排他在暑期给我的硕士新生开展编程培训，主要教授Python语言。给新生开展编程培训的工作，我之前也安排过，但是效果并不理想。但是，自从麦克开展培训工作后，他花了大量的时间准备课件，并且准备了大量的生动案例，让编程学习深入浅出，虽然他使用英文进行教学，但是参与培训的学生们几乎能完全掌握他讲的内容，完全超出我的期望。此后，我们课题组将Python作为主要的编程语言，一直延续到现在。

我一直对国际交流保持着极大的关注度，特别是和联合国卫星中心保持着联系。联合国卫星中心是2001年由时任联合国秘书长安南亲自批准成立的，该机构的职能是利用卫星遥感技术支持人类和平事业以及联合国2030年可持续发展目标的实现。前文提到过麦克曾经在联合国卫星中心短暂工作过，这无疑给我接近联合国卫星中心提供了有力的支持。我清晰地记得，2018 年暑期前的一天，我去了麦克所住的小区，和他进行了一次长谈，探讨计划前往瑞士日内瓦的联合国卫星中心的访问。麦克对于能够前往自己曾经的工作单位表示非常兴奋，也非常希望能够促成我的课题组和该机构的合作。2018 年 8 月，我和麦克踏上了前往德国和瑞士的路程。这是我的第一次欧洲之旅，麦克知道我是第一次前往欧洲因此对我照顾有加，所以这次旅行中我完全没有操心。在结束访问德国地学中心后，2018 年 8 月 20 日，我和麦克踏入了设在欧洲原子能中心（CERN）的联合国卫星中心办公室。联合国卫星中心主任艾纳·比约格博士热情地接待了我们，特别是看到他的前任下属麦克居然从中国过来访问，顿时拉近了和我们的距离。在会谈过程中，我充分展示了武汉大学以及我的课题组在遥感领域所取得的成就，另外我也不断展示武汉大学在国际化建设方面的成果——不少西方国家的科学家和年轻人前往武汉大学工作，麦克就是最典型的例子。经过一个小时的会谈，艾纳提出要和武汉大学签订一个 MoU，我当时听到后，没有意识到什么，因为有不少单词我也没全听明白，自然也不会特别关注某一个词汇。会谈结束后，我和麦克坐上了回酒店的公交车。我十分清晰地记得，麦克在公交车上告诉我，他第一次听说他的前任老板这么爽快并主动提出要和一个研究机构签订 MoU。我问 MoU 是啥，他立马拿出了手机，写出了 Memorandum of Understanding，我一查中文，原来是"谅解备忘录"的意思！我当时惊呆了，原来我们短短一个小时的会谈居然拿到了和联合国机构签署协议的机会，这是我完全没有料到的。回国之后，我经过一年的不懈努力，终于推动武汉大学与联合国训练研究所签署了谅解备忘录。在备忘录框架下，联合国训练研究所为武汉大学提供了学生实习的绿色通道。事实上，联合国实习岗位竞争非常激烈，1∶20 的竞争比率是常态，部分岗位的竞争甚至达到 1∶800，因此联合国的实习绿色通道是基于对武汉大学遥感学科的完全信任，也是武汉大学国际合作的重要产出。从 2020 年 1 月开始，我负责选拔了 13 名硕士生前往联合国卫星中心进行实习工作，他们在洪水制图、地震损失评估、土地覆盖制图、人道主义灾难评估等诸多方面表现得非常优秀，有力地支持了联合国工作，获得了联合国方面的极高赞誉。目前，该实习项目已经成为武汉大学国际合作的品牌项目。事后，我经常在想，尽管武汉大学的遥感学科多年蝉联全球第一，但如果没有麦克和我同去日内瓦进行访问，以及麦克的积极撮合，

恐怕就没有我们和联合国继续合作的故事了。

　　时光如箭，岁月如梭，博士后的两年合同期很快就过去了。2019 年 11 月，麦克综合考虑了自己的事业发展和家庭情况，最终还是选择回到德国工作，结束了他在中国八年的学习之旅。回德国前，他请我吃了一顿饭，回顾了他在中国的八年经历，并且表示，他一定还会回武汉大学看望曾经的同事和同学。新冠疫情期间我们也多次联系，相互关心对方的状况。后来我得知，他近期在德国开办了自己的公司 GeoInsight，从事地理信息的产业服务。我衷心地祝愿他创业之路顺利！

一段缘，一生情

讲述人：刘姝　2006 年武汉大学文学院硕士研究生毕业留校，入职武汉大学留学生教育学院（现武汉大学国际教育学院）任专职教师。

回想起当初刚刚踏上三尺讲台，仿佛就在昨天。然而，转眼间，十七年就如同流沙般在指缝间溜走，但其中一些人、一些事、一些美好的瞬间却定格在了脑海中，成为我不经意间会忆起的往昔。

日本创价班的一段师生缘

创价班是日本创价大学中文系与我们学院合作的一个项目，学生在创价大学学习两年汉语，然后来我们学院学习一年，之后再回到日本学习一年。因每届人数相对固定，均为十几人，而且有特定的日汉翻译等课程，故都是单独编班。我和创价班的学生结缘比较早了，2004 年我还是兼职教师那会儿，因本科专业是日语，所以当时我的硕士生导师何重先老师就让我协助负责管理创价班的一些事务，那之后，还承担了"日汉翻译"和"汉语语法"这两门课的教学任务。创价班的学生们都是非常可爱的，性格都比较活泼开朗。记得 2015 年 9 月，受学校派遣，我去日本创价大学访学期间，还专门跟 2006 年的创价班同学见上了一面。有九年没见，学生们的变化还是很大的。有的成为了杂志编辑，有的当上了空姐，有的成为了公司职员……我们坐在一起回忆当年在武汉大学读书学习的场景，学生们绘声绘色地描述每一位老师的样子和特点，班长衣笠弘一还专门模仿老师的声音，大家说着笑着，回忆着曾经的点点滴滴。

2005 年创价班学生   2006 年创价班师生合影

难忘的蜜月旅行——4小时"环球旅行"

我是 2006 年 11 月 12 日结的婚，婚礼当天还邀请了当时教的学生去参加。学生们因为是第一次参加中国人的婚礼，都非常兴奋。婚礼过程中，鼓掌声、叫好声不断，气氛非常热闹。现在想来，学生们作为"娘家人"，真是太给力了。记得当时韩国淑明女子大学的学生专门准备了一套精致的餐具，作为新婚礼物送给我。我问："其中寓意是什么？"她们说："碗碟是老师每天都会用到的东西，希望结婚后每一天都能和丈夫一起幸福地吃着饭，聊着天。"那套碗碟质量很好，我们家至今仍在使用，虽已用了十多年了，也舍不得扔掉，因为每次看到，都会想起那群可爱的学生。因为是学期中，每天都有课，所以也无法请婚假进行蜜月旅行。我结婚一周后的周末，就是第二届珞珈金秋国际文化节。我和丈夫开玩笑说："咱们就来个 4 小时环球旅行，怎么样？不仅度了蜜月，还不用花一分钱。"我俩当时就兴奋地在各个国家的展台打卡拍照，一边拍一边说："现在我们来到了某某国家。"有学生听说我俩把这个当成了"度蜜月"，还用他们国家的语言祝我们"新婚快乐"。那天我们收到了各种语言的新婚祝福，感觉非常开心。这趟不花钱的"蜜月旅行"每每被提到，都让我们开怀大笑。

本三C班的那群小可爱们

2019 年 9 月，我开始接手新的本三 C 班。32 名学生，除了 2 名泰国学生，1 名土耳其学生和 1 名日本学生外，其余 28 名全是韩国学生。记得第一次上课，我让学生们到讲台前做自我介绍，并且把自己的名字写在黑板上，才发现班上大部分学生的汉语水平都非常好。后来在上课的过程中，发现这个班学生普遍学习态度都很认真，而且班级氛围非常活跃，任课老师们都很喜欢这个班的学生。我作为班主任，就像是自家的孩子受到老师的夸奖似的，非常自豪。熊莉老师还给我们班学生起名叫"小可爱们"，一看到他们，就说："刘老师，你们班的'小可爱们'来了。"

记得那还是刚开学不久，有一次上课，轮到罗槿洙同学做课前发言，他介绍的内容是"东湖绿道"。他介绍完，我说了句："东湖绿道确实风景优美，是休闲的好去处。你们有时间一定要去看看。"班长崔俊赫这时小声说了句："现在就有时间。"大家听到他说的，都笑了起来，不过也充满期待地看着我，于是我就临时决定，把学生们带到东湖绿道去。当我说："好啊，那我们今天就去东湖绿道上课。"学生们一开始还以为我开玩笑，都半信半疑地看着我，直到我说："还愣着干吗，快收拾书包，走啊！"学生们个个兴高采烈地走出教室，于是就有了下面这张全班合影，这是我们班第一次合影。

那之后，就有太多欢乐的事情了。比如课文情景剧表演，由当时的两位班长——郑爱真和崔俊赫组织。从前期的分组统计到主持，都是由他俩负责，我完全不用操心。表演当天，两人还统一了服装，配合到位，主持得也非常自然流畅。同学们准备得也很认真，而且有的组还对课文台词进行了创意改编。

比如课文：妈，我开车送你吧。

学生们改编为：用什么车？电动车吗？不用了。

2019 年 9 月本三 C 班在东湖绿道的合影

2019 年 12 月 25 日本三 C 班圣诞节合影

又或者：妈，我这儿有法拉利、玛莎拉蒂，你自己选一辆开回去吧。

表演中，笑声不断，有 6 组选手获得了"最佳表演"奖。

2019 年 12 月 25 日，圣诞节。我们班举行了一场欢乐的圣诞晚会，又是能干的郑爱真和崔俊赫两位班长精心准备和组织的。那天正好是我们班一位韩国学生许建的生日，他收获了全班同学的生日祝福。最精彩的是最后的抽礼物环节，真是惊喜不断，而且还有汉语游戏"你做我猜""报数字站起来"，最后大家在小卡片上写下了自己的新年愿望。只是当时，谁都不曾想到，那之后会发生一场持续三年多的疫情。

2020 年 1 月初，新冠疫情期间，学生们都纷纷发消息给我，问我在武汉的情况，后来开始线上课。记得 2020 年 4 月 14 日凌晨 12:00，学生们在班级群不约而同地祝我"生日快乐"，然后发给了我一份独特神秘的生日礼物。当我点开后，就看到班上每个同学都录了一小段视频，都是"想对我说的话和祝福"，然后剪辑成了一段完整的视频。我看了一遍又一遍，脸上全是泪，但那是感动和幸福的泪水。后来，直到学生们毕业，还是有大部分同学没返回学校。现在他们有的已经研究生毕业，在上海的韩国大企业工作，有的在无锡中韩半导体公司工作，还有的在韩国的中国餐饮连锁品牌店工作……我相信不管他们在哪儿，都会认真地朝着梦想努力，都会遇到更好的自己，我祝福他们。

常常觉得自己是幸运的，因为我的爱好变成了我的工作。虽然已工作十七年，但我对国际中文教育仍保有初恋般的热爱，我想这其中很大一部分原因就是我遇到了这些可爱的学生们，他们让我快乐着，幸福着，无怨无悔。

Connecting Minds: International Students and LIESMARS

—— Building a Global Community of Knowledge and Collaboration

Introduction of the narrator: Stephen C. McClure   He was research associate at LIESMARS, the State Key Laboratory of Information Engineering in Surveying, Mapping, and Remote Sensing at Wuhan University, China. He helped authors prepare papers for submission to SCI journals and taught course in scientific writing and methods.

Universities around the world function as communities of scholars pursuing a common objective, transcending the boundaries of knowledge. These academic institutions act as nodes within a vast global network of researchers, focusing on field-specific issues. Scholars and researchers communicate across time and distance through conferences, meetings, journals, and books. However, universities are more than just research hubs; they are primary centers where individuals interact daily, engaging in discussions about scientific and real-world challenges. Research questions emerge at the intersection of reading, experimentation, and lived experience. Happenstance meetings and exchanges between scholars and scientists, whether over lunch, at presentations, or on a sports field, serve as incubators for new ideas and solutions to both old and new problems. International students play an indispensable role in the scientific ecosystem because they break through disciplinary and cultural boundaries that inhibit creativity.

The State Key Laboratory of Information Engineering in Surveying, Mapping, and Remote Sensing (LIESMARS) is focused on geoinformatics; the study and application of geographic information systems, remote sensing, and related technologies for mapping, navigation, environmental monitoring, and urban planning. The laboratory conducts research, provides education and training programs, and collaborates with international partners to advance the field of geoinformatics.

At LIESMARS, international students from diverse countries are creating a vibrant tapestry of ideas and culture. Hailing from Africa, Asia, and Europe, they represent a new generation of researcher-scholars who share a goal: contributing to global scientific and engineering dialogues. These students are at the center of the scientific ecosystem, fostering a global community of knowledge and collaboration, even as they strive to fulfill their personal aspirations. Simultaneously, they enrich the university community by building bridges of understanding through casual friendships and collaborations. In a more formal setting, the Student Office encourages sports events, cultural exchanges, and excursions. The English Language Geoscience Café has organized a series of talks on a wide variety of topics of interest to many in the Geoinformatics community. I am delighted to have had the opportunity to contribute, albeit in a small way, to this incredible journey.

The world is a community with a shared destiny. The planet constitutes a single interconnected whole, where the survival of any nation relies on the survival of all. Climate change disregards borders. Railroads, roads, telecommunications, pipelines, and container ships now connect the world in unprecedented ways. Compared to half a century ago, when most of humanity was involved in subsistence farming and small commodity production, today the majority reside in mega-cities. Production chains span the globe, and satellites gather an array of data. The smooth functioning of these large-scale systems depends, in part, on geoinformatics, facilitating complex logistics behind the scenes and enabling us to connect with individuals across the earth. While we are interconnected, the question arises: How do we communicate?

For now, English serves as the language of scientific communication across borders— a legacy of the past shared by much of the world. However, this might change as the momentum of scientific and technological advancement shifts towards the global South. This new era represents a return and a rebalancing of what once was. For a thousand years, China was one of the great centers of technology and development. Trade flourished along the old Silk Road. In my country, Chinese farming practices and Confucian thought inspired the founders of my country, and trade with China was a preoccupation of the United States since its founding.

In 1784, Thomas Jefferson proposed a diplomatic mission to China, aiming to establish commercial ties and expand American trade opportunities. This led to the first official American voyage to China in 1785, with the American ship Empress of China setting sail for what is now Guangzhou. The Empress of China transported American trade goods. This mission was a milestone in early efforts to establish direct trade links with China, driven by Jefferson's recognition of the economic potential in engaging with China and its highly sought-after goods like tea, silk, and porcelain. Moreover, the influences of Chinese culture on American culture are striking; Benjamin Franklin was attracted to Confucian principles of moral conduct and social harmony. His interest in China extended beyond philosophy to encompass its technological advancements and potential for mutually beneficial interactions with the United States.

Today, China is undergoing a great rejuvenation, and international students are first-hand witnesses to that process and contributors as well. Initiatives such as the Belt and Road Initiative (BRI) and the BRICS are facilitating opportunities for cooperation and mutual benefit. The productive capacity of China now surpasses that of the United States and the European Union combined, putting the Pearl River Delta at the center of global supply chains, connecting here, there, and everywhere else. By working together, engaging in cultural exchanges and coursework, foreign and Chinese students enhance their ability to communicate across domains and cultures, fostering deeper understanding and win-win partnerships towards an increasingly interdependent future.

International students can observe first-hand how China charts its development path and, through their studies at LIESMARS, acquire the skills to drive their home countrys progress and fulfill their aspirations. China has been at the forefront of modernization,

aligning it with its unique history, culture, and traditions. High-speed rail, smart cities, and ubiquitous computing are lived realities in China, against the backdrop of an ancient civilization. Researchers at LIESMARS contribute to this effort. Teams are working to solve problems of indoor navigation, pollution monitoring, traffic optimization, satellite navigation, historic preservation, and even data security. At LIESMARS, students not only learn to utilize software packages but also gain expertise in designing, building, and implementing their own solutions. International students gain the confidence and the skills to contribute to their own countrys development as well as the ability to participate actively in scientific conversations, as exemplified by the numerous articles and papers published by international students studying at LIESMARS.

Over the past decade, I have assisted LIESMARS authors in preparing their papers for submission to IEEE and SCI-listed journals. Additionally, I have taught a scientific writing course to MS and PhD students, including both Chinese and international students. Many have gone on to exciting careers in their home countries or have become prolific writers and researchers in their respective domains. This work has been exhilarating, witnessing authors and students navigate the challenging writing and peer review process, ultimately realizing their hard work through published articles in high-impact journals. LIESMARS is a special place where learning extends beyond classrooms and labs, thriving through dynamic relationships among students, faculty, and the world around us.

第一次海外任教的难忘记忆

讲述人：杨巍　毕业于北京语言大学阿拉伯语专业，1996 年入职武汉大学，曾于 2000 年受中国国家汉语国际推广领导小组办公室（简称国家汉办）派遣，前往突尼斯高等语言学院从事汉语教学工作，为期两年。

千禧年

从高中开始，我就时常憧憬 21 世纪的壮观气象，偶尔也会想象千禧年时自己是怎样的模样。

"到 2000 年，我就该 27 岁了。要是我能考上北外的话，说不定就真的是一名外交官了！"那时的我很乐观。"杨巍，大学就考北外，上外也行，毕业后到外交部去。"初中时英语老师随口跟我说的一句话，成了我后来努力的方向。

时光荏苒，岁月如梭，一切似乎在一瞬间就都揭晓了答案。

1992 年，我考上了北京语言大学，读的是阿拉伯语专业。尽管是"北语"，而非"北外"，可对于一个从农村出来的娃，能去首都上大学，这一字之差又能有多大的遗憾呢！只有激动与兴奋。

1996 年，我又荣幸地入职武汉大学，成为一名对外汉语教师。

那时，对外汉语教学行业还默默无闻，我所在的单位在武大校内也完全不起眼。当被问及所属院系时，如果说的是"经管院""计科系"，闻者必然连连点头，可当我说出"留办"两个字时，对方几乎都会愣住，一脸疑惑："留办"是什么？"留办"的全称是"外事处留学生事务办公室"，怎么听都不是一个教学单位，所以即

便我把这名字说全了，也没几个人能猜对我到底是干什么的。

2000 年，千禧之年，我获得了出国任教的机会，去的是位于北非的突尼斯，任期两年。

20 世纪末，由教育部派往国外任教的汉语教师人数非常少，主要从教育部直属高校中选拔，每年也就遴选一百多人，能被选上很不容易。我申请的是突尼斯高等语言学院中文系的岗位，当地通用阿拉伯语和法语，而我有阿拉伯语专业背景，这个确实比较稀缺，所以第一次申请就幸运地获得了外派的机会。走出国门，中学时的愿望也算部分实现了吧。

那年，我 27 岁，结婚才两年。而自始至终，我的妻子、父母、岳父母都给了我最无私的支持和鼓励。

小企鹅

如果能穿越回 20 年前，你最想带过去的一件东西是什么？我的选择是一部智能手机，或者一台笔记本电脑。当然，网络必须得跟过去，那我就还能发朋友圈，还可以 QQ 聊天，可以刷抖音。

2000 年，笨重的台式电脑在中国都还谈不上普及，所以我踏上非洲大陆时，自然是两手空空，没有电脑，更不要说手机。但是，作为中国最早的一批 QQ 用户，我有一个 5 位数的 QQ 号码。那时，小企鹅其实还不叫 QQ，它叫 OICQ。我把 OICQ 的安装程序存在一张 3.5 英寸软盘中，带到了突尼斯。我乐观地认为，有了它，即便走遍天涯都不怕。

作为非洲大陆数一数二的经济强国，突尼斯的首都给我的第一印象远好于我的预期。街道干净整洁，市民亲切友好，生活物资丰富，市内还建有轻轨，生活十分方便。所以，安顿下来后，我迫切想要解决的问题就只有一个：找一台能上网的电脑，把我那可爱的"小企鹅"给装上。

于是，我开始四处寻找网吧。这活儿挺累人，为什么呢？因为我基本上是走着去找的。突尼斯的物价真不低，为了省钱，我能不坐车就不坐车。初到异国他乡，凭着好奇心、新鲜劲儿，加上现实的需要，多走些路虽然累，但不是什么问题。最初那一两周，只要有时间，我就跑出去转悠，一边找网吧，一边探索这座异域城市。

找到一间网吧并不难，毕竟这里每年要接待数百万来自欧洲大陆的游客，旅游相关的基本设施都不缺。但是，要找到一台对中文友好的电脑，却似海底捞针。突尼斯没有一家网吧的任何一台电脑装的是中文版的操作系统，而且大部分电脑无法安装我带去的小企鹅程序。

天无绝人之路，我一家一家试，一台一台装，终于在市中心的一家网吧内找到了一台可用的电脑！尽管整个过程中弹出的所有窗口都显示不了汉字，取而代之的是一堆乱码，但我凭着电脑菜鸟的勇气，一路试错，最终成功地让小企鹅在右下角闪烁了起来！狂喜之下，我点开妻子的头像，键入一行拼音：Beijing shijian jintian zhongwu 12:00 jian！！！

那天夜晚，我实现了到突尼斯后与妻子的第一次网上相会。尽管看拼音比较费事，但我俩真的好开心，似有说不完的话。小企鹅跟着我们又叫又跳了三个多小时，直到夜深了才被迫下线。

狡兔得有三窟。只找到一家网吧的一台电脑可用是不够的，它不专属于你，也不确定能用多久。于是我掏出小本儿，又花了好几天的时间，将脚力所及的所有网吧中的可用机位一一记录了下来。东边不亮西边亮，得确保通信无虞。

某天晚上，我走出网吧，夜空中飘着细雨，风已经带有寒意。与往常一样，街道上早已空无一人。夜色正浓，只有昏黄的路灯作伴。我拉了拉外套的拉链，低头快步往回走，住处在4站路之外，说远不远，说近不近。走着走着，眼泪竟涌了出来，猝不及防。

凤 爪

赴任之前我就被告知，因为我是新增派的老师，突尼斯那边并没有前任教师留下的房子可住，需要我到任后自行租房居住。面对这个情况，我这没有外派经历的新手老师心里肯定是忐忑的：搞不好要露宿街头啊。好在经有关部门联系协调，我得以先借住在已到任的老师家中，我有两周的时间去给自己找房子。

租房倒是不难，找一家租房中介公司，委托他们去办就好。中介带着我看了三处房子，前后一周多时间就搞定了。拎包入住，并没有多少故事可讲，难忘的是那一周多的"借住生活"。

好心接纳我的是来自我母校的N老师，他比我提前一个多月到任，接下了前任教师留下的住房。N老师五十多岁，和蔼可亲，对我友善又热情，还爱跟我说话，

加上北语的这层关系，让我毫无寄人篱下之感。

住下的第二天，N老师带我去附近的菜场买菜。一路上，他详细介绍了当地各种蔬菜、海鲜、牛羊肉的价格，跟北京的价格一一进行了比较："西葫芦便宜，所以我常买西葫芦……这儿的带鱼是真新鲜！鳃都是鲜红色的，还不贵……大虾也好，手掌那么大个儿，在北京你根本吃不起……牛羊肉都太贵，我一般不买，就吃鸡肉，鸡肉便宜……"

说话间，N老师带我来到了一个卖鸡肉的摊前，他指着摊位旁的塑料桶问摊主：这个多少钱？摊主面无表情地伸出一根手指，答道：1第纳尔。N老师弯下腰，把那一桶东西全都倒进了我们带去的大袋子里。这下我看清了，那些都是剁下的鸡爪子。

"凤爪可是好东西，这里人不吃！我头两回来的时候，都不要钱，直接就给我了。看我来得多了，他们也学精了，每次都管我要1个第纳尔。"N老师很得意地跟我说。

"那还是划得来，国内可不便宜呢。"我脑子里算了算，1个突尼斯第纳尔差不多值5块人民币，这一桶有好几斤。

回到家，N老师就带着我处理这一大堆鸡爪子。要不是有这段难得的经历，这处理鸡爪子的手艺，恐怕我一辈子都没机会学。

因为我们拿回来的都是未经处理的原材料，带着硬皮，粘着不可言说的附着物，跟国内菜场或超市里出售的干干净净、白白胖胖的凤爪相比，观感上相去甚远。所以呢，整个过程只可意会，不宜细细描述。

一通有味道的操作之后，N老师将收拾好的凤爪分装成四五个袋子，放进冰箱的冷冻层。"这些够咱们吃一周了！"看着N老师开心的样子，再看看一地的狼藉，我用胳膊拭去额头的汗，长吁了一口气。

借住在N老师家的一周多时间，我们每天的菜谱基本都是西葫芦炖凤爪，外加一个青椒炒土豆丝，或者西红柿炒鸡蛋。每次开饭，N老师都要说这么一句："西葫芦炖凤爪，这个菜好啊，蛋白质、胶质、维生素都有，又有营养又便宜，做起来也方便。"那一阵子，我特别希望N老师哪天能心血来潮，换个口味，折腾一盘卤凤爪出来。

后来，我搬去了自己租的房子，紧挨着上课的学校。再后来，N老师为了上课方便，也搬到了我的住处附近。我俩课后仍然往来密切，成了忘年交。

一位父亲

突尼斯与中国相距遥远，各领域的交流从规模上看都比较小。在突尼斯工作和生活的中国人，包括中国大使馆、中资公司、中国医疗队等各类组织机构，加在一起也不到 100 人。因此，通过大使馆组织的一些活动，比如国庆招待会、新年团拜会等，大家很快就建立起了联系，有些就交上了朋友。

我认识了突尼斯乒乓球队的金教练。金教练当时三十多岁，说着一口沪式普通话，是世界冠军王励勤在上海队时的队友。这次，他跟突尼斯体育部签了个聘用合同，过来执教他们的乒乓球国家队。金教练也是一个人过来闯荡，所以我们时常互相走动。每次他率队出国比赛归来，都会带回一些外国的啤酒、食品，然后叫我们这些朋友过去分享。而当他需要写训练计划或者总结的时候，我们也会帮他做一些翻译工作。

我认识了江西援突医疗队的李医生。李医生为人宽厚实在，在我们这群人中年龄最长，扮演着大哥的角色。和我一样，他也爱好打篮球，所以经常组织大家搞一些体育活动。因为有李医生在，我们谁有个头疼脑热的，心里就不慌。

我认识了广州某公司驻突办事处的小叶。小叶比我还小三岁，这么年轻就被公司派来驻外，独当一面，必有其过人之处。小叶有车，方便时就经常给我们当司机。他开车带我们去专门的屠宰场买猪肉，带我们去临时集市买适合国人口味的大米，带我们去郊外参加各种文娱活动……

我认识了沈阳某公司驻突分公司的裴总。老裴和他夫人住在一栋豪宅里，院里停着两辆豪车，一看就知道这家公司在突尼斯的生意做得不小。老裴夫妇对我们这些年轻人照顾有加，经常招呼我们跟他去野外钓鱼，钓完就去他那儿打牙祭，吃完还让大包小包往回带，搞得我们都很不好意思，但心里也真开心啊！

我们这群人，机会合适时也会相约一起出游。突尼斯并不大，我们走遍了老城，在最繁华的大道上来回踱步，我们在最负盛名的蓝色小镇喝咖啡，在迦太基遗址上的斗兽场内听音乐会，我们跑到最北端的比塞大港口眺望意大利，我们也曾组团深入撒哈拉沙漠探访《星球大战》的拍摄地……

多年以后的一天，当我翻开相册，沉浸在对过往的回忆中时，却突然发现，其中竟然没有一张 N 老师的照片。在突尼斯的那两年，我和 N 老师的交往要远多于其他人。可是，每次我们有外出游玩的计划时，N 老师却总是婉言谢绝与我们同行的

邀请。这真是一件令人十分遗憾的事。

我合上相册，忍不住打开微信，向一位相熟的北语老师打听 N 老师的近况。

"哦，杨老师你还不知道呀？ N 老师已经走了好几年了……他这一辈子太苦了……"朋友一连回了我好几条，跟我说了些 N 老师家里的事。看着看着，我鼻子一酸，眼泪模糊了双眼。

我很清楚地记得，有一天傍晚，N 老师晚饭后来到我的住处，给我送来他新收到的几份报纸。那时，每位外派老师都可以免费订阅两份国内的报刊，我跟 N 老师是一起商量着订的，这样可以交换着看。所以，我俩隔三差五就会互访，送个报纸，聊聊天。那天，我正要出去散步，就邀他一起。跟以往一样，N 老师又推脱不去。

"我真不明白，您怎么那么不喜欢散步呢？反正这会儿也没事，就跟我一起出去走走吧。"我忍不住想说动他。

"你走得远，走的又都是石子路，费鞋。"N 老师笑了笑，指着他的脚说，"不怕你笑话，我脚上这双鞋穿了有 6 年了，还好好儿的。爱惜点儿穿，我就不用在这儿买新鞋了。"

那是我第一次听到这种奇怪的"费鞋"说："该换鞋就换呗，又花不了多少钱。"我不解地问。

"你们年轻人讲究这个，我们年纪大了，没那必要，换个新鞋还硌脚呢。"N 老师依旧笑呵呵的。

因为西葫芦和鸡爪子便宜就顿顿吃西葫芦炖鸡爪子，因为怕费鞋而不愿跟我去散步，因为舍不得花钱几乎从不与我们一同出游……这些印象叠加在一起，让我对 N 老师产生了一个刻板印象：极度抠门儿。甚至后来我离任回国后，在与朋友们谈起这段经历时，还把这些拿出来当段子讲。

听了北语的朋友跟我讲的那些 N 老师的事，我真有抽自己俩耳刮子的心。原来，N 老师唯一的孩子有先天的缺陷，独立生活能力差。他出国前曾跟同事说："孩子其实离不开我，但我没得选，我得抓住这个机会，毕竟出国教书能多攒下点儿钱。我这把年纪了，没别的念头了，就想着给孩子多留点儿钱，到时候我跟他妈能走得安心些。"

我很惭愧，这么多年一直以自己的浅薄去揣测一位伟大的父亲。

青年成长　共同行动

讲述人：阿部　来自伊拉克，武汉大学电气工程与自动化学院副教授，博士毕业于华中科技大学，2010 年到武汉大学任教。

时值武汉大学 130 周年校庆之际，很高兴能通过我的视角，来分享我在武汉大学的留学故事。

2004—2008 年，我在武汉读博期间，每年三月樱花盛开的时节，我都会和同胞们一起来武汉大学赏樱，美丽浪漫的珞珈山让我心生向往，感觉在武大留学或者工作是一件非常幸福的事情，梦想着博士毕业后能来武汉大学工作。

那时候我经常和留学生同胞一起参加武汉大学举办的国际文化节。在国际文化节上，我认识了很多来自不同国家的留学生朋友，了解到了很多不同国家的文化习俗和美食。国际文化节让我们留学生感受到了武汉大学来华留学教育的开放和包容。

我还记得参加武汉大学国际文化节的一件趣事。那个时候我刚来中国不久，朋友告诉我，中国有很多好吃的瓜，比如西瓜、白瓜、黄瓜、哈密瓜都可以直接生吃。我到市场上去买了一个瓜，切开来招待我的同胞们，同胞们都摇着头说好难吃啊。一个中国朋友看到了，笑着跟我们说，你们吃的这个是冬瓜，要煮熟了才能吃啊！我和同胞们都尴尬地笑了起来，原来闹了一个大笑话，呵呵！

2010 年，我终于梦想成真，正式成为武汉大学的一名教师。

工作期间，经常有伊拉克的朋友向我询问如何申请来武汉大学留学，我也因此逐渐参与到武汉大学来华留学教育事业中。十多年来，我见证了武汉大学来华留学教育事业的蓬勃发展：留学生规模结构不断优化、留学生培养质量稳步提升、留学生教育管理日渐强化、规章制度建设逐步完善、疫情防控担当有为、留学生校友国际影响日益显著，等等。目前，已有超过 13000 多名来自 169 个国家的来华留学生曾在和正在珞珈山求学深造。

2021 年，我开始负责电气与自动化学院的留学生招生、材料审核和面试等工作。在和留学生的交流中，我发现很多留学生用中文学习专业很困难，为了帮助更多留学生顺利地完成学业，我申请了专业课程的全英文教学项目，降低了留学生学习专业的语言难度。2023 年，学院的留学生指标从之前每年 4 个增加到 16 个，增长了 4 倍。电气与自动化学院留学生数量的增长，只是武汉大学来华留学教育事业蓬勃发展的一个缩影，这背后是日益强大的中国通过"一带一路"倡议向世界贡献中国智慧和中国方案，带动了很多国家经济和社会发展，吸引了更多世界各国优秀青年选择来华留学。

据《中国青年报》报道，迪拜公关公司对 18 个阿拉伯国家的 3600 名 18~24 岁青年开展民意调查，结果显示，80% 的受访者视中国为盟友，位居友好国家前列。对此，中国外交部发言人毛宁在今年 6 月 27 日在例行记者会上表示：近年来国际上已有多项民调报告显示，阿拉伯国家民众对中国的好感度在不断增强。阿拉伯朋友特别是青年一代，将中国视为真诚、友爱、可信赖的朋友，必将会有更多的阿拉伯青年希望能够来华留学。

看到这则新闻，我感触颇深。作为一个来自阿拉伯国家，在中国学习、工作和生活近 20 年的伊拉克人，我见证和参与了中国日新月异的发展，也见证和参与了中国和阿拉伯国家友谊的增进。

2022 年 12 月，习近平主席在首届中阿峰会上提出中阿务实合作"八大共同行动"，双方正在积极推动落实中。今年 6 月，我有幸代表武汉大学，同伊拉克巴格达大学、伊拉克京华投资有限公司、国家电网安徽省电力有限公司联合申报了国家重点研发计划"政府间国际科技创新合作"重点专项——"中伊智能电网和可再生能源联合实验室"，并计划将科研成果的相关技术与产品大规模应用到我的家乡，解决伊拉克电力短缺、电网落后、污染严重等民生问题，造福伊拉克人民。伊拉克政府和人民对此非常欢迎和支持，伊拉克总理已经批准，伊拉克高等教育和科学研究部还向中国科技部签发了支持函，这将大幅提高武汉大学在伊拉克的知名度和美誉度，吸引更多的伊拉克优秀青年来武大留学。

巴格达大学在伊拉克大学中排名第一，是伊拉克最大的大学，也是阿拉伯世界第二大大学。伊拉克是世界上历史最悠久的国家之一，曾经创造了灿烂的两河流域文明。伊拉克和中国同为四大文明古国，自古以来有着深厚友谊和文明互鉴。

武汉大学作为中国教育部直属重点综合性大学，有着130年历史和学术文化的深厚沉淀。这次武汉大学和巴格达大学的合作，不仅是中阿务实合作中关于绿色创新共同行动中共建中阿联合实验室的重要内容，也是习主席倡导的中阿务实合作中关于青年成才共同行动——启动"中阿高校10+10合作计划"的具体行动。

如果能够推动武汉大学和巴格达大学参与到"中阿高校10+10合作计划"，将充分发挥巴格达大学在伊拉克以及阿拉伯国家的影响力，极大地影响和吸引更多优秀的阿拉伯青年来武大留学，进一步加强中阿传统友谊，推动中阿民间外交，给阿拉伯青年提供成长和发展机会。

来华留学工作是中国对外开放战略中的重要组成部分，是教育国际合作交流的重要内容，在建设世界知名高水平大学、促进中外青年友好交流、增进各国人民友谊等方面具有重要意义。武汉大学来华留学教育事业的蓬勃发展，也将为中国和阿拉伯国家的务实合作培养更多有能力的复合型人才。

按照《武汉大学教育事业发展"十四五"规划》要求，学校坚持改革创新，坚持质量优先，坚持依法依规，建设与武汉大学在国内外地位相称的来华留学生教育，把握历史机遇，明确发展思路，笃定发展目标，坚定前进信心。为此，武汉大学采取了一系列有力的措施，为留学生的学习和生活排忧解难，推动更多优秀青年来珞珈山求学。

留学生来自各个不同的国家，有着不同的历史、文化、习俗和饮食，来到中国难免会有各种不适应，尤其是在疫情期间，很多留在学校的留学生遇到了各种生活困难和心理健康问题，需要负责留学生事务的老师们给予更多的关心和帮助。

比如疫情期间，很多留在学校的留学生遇到了生活困难、心理压力大等问题，不知道如何排解；还有很多学生因为疫情无法及时返回学校。我作为留学生指导老师，经常关心留学生的生活、开导留学生的心理，针对疫情特殊情况，及时采取灵活的办法，比如上网课、视频开会、一对一在线辅导学生的研究课题，用细心、爱心和关心帮助留学生解决了他们在学习生活和心理上的很多问题。

为了帮助留学生更好地了解和感受中国文化，促进中国文化与世界文化的融合，

武汉大学推出了一系列社会实践与文化体验活动，比如：组织留学生赴西安、北京、上海等地参加社会实践和文化体验活动，组织留学生赴湖北恩施感受乡村振兴，赴湖北英山体验长征精神，赴湖北麻城了解脱贫攻坚成就。

从走访中国名山大川、历史古迹到亲历田间地头、扶贫一线，再到考察文化名企、科创园区，通过形式多样的社会实践活动，荟萃全球视野，聚合青年力量，为来华留学生全方位感知中国提供了多元的见闻窗口，促进各国青年团结共建"同心圆"，推动世界可持续发展。我也多次代表学校和留学生一起参加了多个社会实践和文化体验活动，在参与中更加深刻地体验到了中国社会文化风土人情。

留学生在武汉大学校内的课余生活也很丰富，如观看庆祝中国共产党成立100周年庆祝大会，参加新中国成立70周年文艺表演，参加元旦、中国新年、元宵节、端午节、中秋、冬至等传统时令节日的晚会庆典与文化体验活动。我也经常邀请留学生来参加学院的各种晚会和活动，帮助他们更好地融入学院的各种环境。

武汉大学来华留学生教育事业蓬勃发展，越来越多的世界青年来到珞珈山求学，在武汉大学度过了美好时光，收获了珍贵的留学成长岁月。来华留学生们在见证中国发展的同时，也成为了传播中国文化、推进留学生所在国和中国友谊的使者。武汉大学诚邀更多的各国有志青年来华留学。青年成长，我们共同行动！

夏日大作战

——第二届"汉语桥"在华留学生汉语大赛侧记

讲述人：周西宁　2008 年起在武汉大学从事国际中文教育工作至今，主要从事中国文化教学，多次指导学生在各类中文比赛中获奖。

2009 年暑假，我接到了一个特殊的任务——作为带队老师带领武汉大学的三位留学生赴北京参加第二届"汉语桥"在华留学生汉语大赛。

三位学生中，莲娜是在读博士生，来自亚美尼亚，性格沉稳，眼睛奇大，有话要说时总是欲言又止，面容忧郁，充满神秘感。范凛勋是一位来自美国犹他州的帅哥，略似马特戴蒙，脸上的微笑带着一种西部邻家男孩特有的羞涩。魏清扬是一位芬兰姑娘，身材高挑，金发耀眼，外表高冷，然而熟悉了以后就会发现她幽默可爱甚至是调皮胡闹的一面。

其时我在留学生教育学院工作刚满一年，在这个行业是个名副其实的新瓜蛋子，还带着初入职者不知天高地厚的清澈的愚蠢。选手们都是学校层层选拔出来的，大家普遍觉得自己汉语还不错，自信心爆棚，于是老师学生一碰头，大家信心满满，杀气腾腾，摩拳擦掌，箭在弦上，只觉得奖当如砍瓜切菜，手到拿来。于是，我这个毫无经验的带队老师带着一群更无经验的骄兵悍将踏上了征程。

"冷雨扑向我，点点纷飞"，队伍嚣张的气焰刚到北京就被迎面扑熄了。下了飞机不到一个小时，大家就瞠目结舌地发现，比赛的难度好像和想象的不一样。

第一是选手数量多，有来自全国十四个赛区几十所高校的上百名留学生参加，

武大团队：左二范凛勋，右一莲娜，右二魏清扬，右三为半路加入团队的乌克兰留学生李娜，中间两位是央视负责汉语桥节目的导演

各路英雄豪杰都是真刀真枪厮杀出来的，华山论剑，谁都不是省油的灯。

第二是选手实力强。很多参赛选手的汉语学习时间都在五年以上，八年十年甚至十数年的比比皆是，很多选手的汉语发音标准到完全听不出是外国人。武大团队平均只有两到三年的汉语学习经历，相形之下，难免让人心虚。

第三是经验差距大，比赛中有相当一批选手都有丰富的比赛经验，对语言组织、赛制进程、时间安排、体力分配等都有自己的心得，而我们的三位学生从未参加过任何类型的汉语比赛，更不用说"汉语桥"这样关注度高、影响力大的大型比赛了。

第四是舞台经验少。本次比赛由中央电视台与国家汉办 / 孔子学院总部联合举办，在 CCTV-4 中文国际频道录播和直播，全程各路记者长枪短炮，闪光灯噼里啪啦，电视台工作人员来来往往，各级导演指令不断。很多选手都是国内各种综艺的常客，面对镜头和闪光灯已如呼吸般自如。而这些，对于我们的选手是一个巨大的心理挑战。

这可怎么办？

骄兵悍将们如今蔫头蔫脑，我只好化身心理治疗师和精神激励师，给他们加油鼓劲。我告诉大家，我们也有自己的优势，那就是武汉大学底子厚、思想活的培养风格和武汉大学留学生教育重文化国情、重社会实践的特色。虽然我们学习时间短，参赛经验少，但只要比出风格，比出特色，展现我们武大学子的风采，那就是我们的胜利。

就这样，二十天的马拉松赛程开始了。100 进 30 的比赛分三场，第一场是游览国子监、孔庙。来自全国各地的选手们刚刚认识了新朋友，一路兴高采烈，说笑不断，自拍频频，孰料游兴正浓时，节目组突然来了一个"抽签论道"——签上内容大多出于《论语》章句，如"无友不如己者"之类，选手要由此阐发，自由演讲。此题一出，我心中窃喜，因为武大非常重视传统文化，这些是我们留学生文化国情教育的一部分，加上我们行前特别培训过，我相信我们的选手能够充分表现。结果也正如所料，三位选手都发挥出色，尤其是范凛勋，在全部选手中得分排名第一，给各高校的选手来了一个下马威。

第二场是笔试，题目难度相当大。如："满纸荒唐言，一把辛酸泪"出自哪本书？"梨园"是什么意思？《茉莉花》是哪里的民歌？等等。因为赛制的原因，这个笔试很可能决定选手们的命运。选手们都没预计到题目的难度，考完以后唉声叹气，愁云惨雾一片。武大的三人组结果较好，保持在上游。

第三场是游览韩美林艺术馆。韩美林是当代著名艺术家，也是 2008 年北京奥运会吉祥物"福娃"的设计者。艺术馆中收藏了韩美林先生陶瓷、雕塑、书画、紫

范凛勋手持竹简侃侃而谈

砂等各类艺术品，大家惊叹连连。节目组故技重施，要求选手们结合馆藏以"我的中国印象"为题演讲。武大的三位选手保持了第一场的高水准，都得到了很好的评价。

三场过后，公布成绩时已是半夜了。漫长的等待使大家既焦灼又紧张。结果很完美，范凛勋、莲娜、魏清扬全部进入了三十强。这个成绩在各高校代表队中显得特别突出，大家纷纷开始重新审视武大这支年轻的队伍。

然而，我们的高光时刻也随着户外比赛的结束而结束——随着赛程进入舞台阶段，武大选手缺少舞台经验的弱点开始暴露出来了。

30进15的比赛分三组进行，每组十选五。这一轮莲娜被淘汰了，这使我们非常意外。开场的自我介绍结束以后，莲娜的排名尚在前列。在电影环节，莲娜抽到了全场最难的《夜宴》。面对"表演的最高境界是什么？"这样的问题，她没有能够作出有针对性的回答，在对决中由于"打破砂锅问到底"这一谚语的回答错误而没能进入前十五，非常令人遗憾。范凛勋在这一轮演讲中由于误会了计时器的提醒音而被迫仓促收尾，影响了整体成绩，但其后两轮的精彩表现仍足够保证其进入下一轮。魏清扬以黄梅戏开场，惊艳全场，演讲表现很好，电影抽到关于美好的梦的讨论，也顺利过关。本场辩论主题是"都市应不应该限制买车"。

选手们在韩美林艺术馆门前合影

范凛勋和李娜分在不同的组，进行辩论

　　15 进 9 的比赛同样分三组进行，范凛勋和魏清扬被分到了一组，该组有活跃于中国各路媒体的留学生明星，被称为"死亡之组"。开场演讲以食物为主题，范凛勋以"武昌鱼"谈人面对逆境的选择，魏清扬以"番茄炒鸡蛋"谈爱情生活，都相当成功，引发了大家的共鸣，演讲结束后两人都在前三位。但在接下来的"情景对对碰"环节中，范凛勋不幸抽到了难度最大的"理发店"场景，面对主持人"鹤发童颜""免冠""二代证"这样一环套一环的陷阱，范凛勋舞台经验不足，时间耗尽，最终以一题之差被淘汰。魏清扬则进入了前九。

　　魏清扬拿到下一轮的演讲题目时已是深夜，我们准备好演讲稿时已到凌晨三点。由于时间和体力分配不够合理，在第二天的比赛中魏清扬出现了较为严重的忘词，极大地影响了她的得分。虽然她在后二轮中表现都很出色，终究因差距太大而无力回天，失去了冲刺桂冠的机会。

　　比赛之外，武大组的三位选手还承担了表演任务。范凛勋是诗歌朗诵《送别》的主要演员，莲娜是主题歌《学汉语》的主唱，魏清扬表演了黄梅戏《女驸马》选段，他们在赛场上和舞台上都充分展示了武大留学生的风采。

范凛勋演唱《送别》

莲娜演唱汉语桥主题歌《学汉语》

最终，虽然没能获得金奖，但武汉大学的三名选手全部获奖，在各参赛学校中已属名列前茅。由于比赛组织工作的周密和学生的出色表现，我们还成为14个赛区数十所高校中获得组织奖的六个学校之一。

如果让我来描绘参加比赛的感受，我选择的第一个词语就是艰辛。二十天的比赛，我们的选手每天的睡眠都不足五个小时。走台、背演讲稿、录播、剧组开会、安排下一场赛制、根据要求准备服装、拿到演讲题目、准备演讲稿、知识培训、排

武汉大学成为获得组织奖的六所高校之一

练节目……每次在大巴车上，看着他们沉沉睡去的面容，我既心疼又骄傲。北京景点众多，我们的选手却没有一丁点时间出去游览，这又使我深感愧疚。除了体力上的消耗，紧张的比赛给选手们的心理也带来了很大的压力。在演播厅的聚光灯下、电视台的摄像镜头前用第二语言进行演讲、辩论、回答问题、改错、编故事，这中间承受的压力绝非常人所能想象的。

当然，除了艰辛，也有欢乐。

刚到北京，我们就遇到了当时就读于华中师范大学的乌克兰留学生李娜。由于华师只有她一位选手，没有带队老师，所以她看起来有点儿孤单寥落。李娜聪明活泼，是赛场上人见人爱的开心果。武汉大学的选手们热情地邀请她加入了武大团队，从此，我们组就变成了四位选手，更热闹了。李娜后来读研时考到了武大，又继续在武大读了博士，如今已是乌克兰喀尔巴阡国立大学的汉语教师了。我想，当初她选择来武大求学，可能和这次与武大师生接触留下了良好印象也有一点儿关系。

在北京时，我们白天比赛，晚上开文化课的小灶，梳理知识点，准备演讲稿。一天晚上，我从电视台回宾馆时看到路边有一辆卖叫花鸡的小车，心想不如买只鸡回去，既可以给大家补补身体，犒劳一下，又可以借此讲解中国的饮食文化。我于是提了一只回来。学生们久闻叫花鸡大名，伸头探脑，鼻翼煽动，跃跃欲试；我则

选手们在旅馆的房间里准备第二天的比赛

洋洋自得，大吹特吹，从中国饮食文化的博大精深一直讲到叫花鸡好吃的化学原理。随着包裹在外面的泥巴一层层脱落，露出了里面的泥巴，以及……更里面的泥巴。我们费尽心思把泥巴剥完时，发现里面没有鸡，全是泥巴！我们面面相觑，沉默半晌，然后爆发出震天的大笑。至今我都不知道，究竟是不是店家忘记在泥巴里包鸡了？

还有一次，我们去秀水街买舞台展示所需的服装。那时的秀水街是一个民间贸易中心，在外国人中有很高的声望。由于外国游客众多，商铺的老板多多少少都会点外语，不仅是英语，法语、德语、日语、俄语、韩语之类的都能来几句，令人大开眼界。我带着魏清扬挑旗袍，旗袍店的老板一看来了位身材高挑、金发碧眼的外国美女，顿时两眼放光，从墙上拿下一件粉色的旗袍，一边对着魏清扬比划一边说："Look，beau 不 beautiful？"

她说得如此自然，以至于我都没觉得有什么问题。一看魏清扬，早已笑得蹲在了地上，直不起腰来。我愣了一下，这才反应过来。再一回味，这汉英杂交的表达方式简直如九天雷霆，重塑了我的语言认知。老板在旁犹自抖搂着旗袍，茫然地看着面前这位大笑的外国美女。

还是这位芬兰美女，在舞台上也开了一次玩笑。比赛后期有一道题，要求选手选择一把扇子，在 30 秒内用扇子上的五个词语编一个完整的故事。魏清扬扇子上的五个词中有一个很难的生僻词，具体是哪个词，今天我已经记不清了，姑且用"魍魍"来代替吧。当时我在台下暗叫不妙，因为我很清楚，她只会读，并不知道这个词的意思，那这个故事还怎么编呢？谁知魏清扬不慌不忙，把现场评委变成舞台角色，编了一个向贤者寻求智慧的故事，在故事中，她面对评委，调皮地说："亲爱的贤者，您能告诉我，'魍魉'是什么意思吗？"

就这样，她在规则范围内把这个不懂的词用到了故事里。看到她这既调皮又聪明的解决方案，评委忍俊不禁，全场观众哈哈大笑，以至于变成了比赛中的一个梗。大家逢人便问："亲爱的贤者，你能告诉我……是什么意思吗？"

欢乐之外，也有一些迷惘和遗憾。

每天吃饭时是大家最快乐的时候，各国选手围着圆桌用餐，大家暂时不用考虑比赛，可以畅快地交流，还有一些喜欢社交的选手在各桌间跑来跑去，到处吹牛聊天。很多选手就这样在饭桌上成为了朋友。一次吃饭时，坐在我对面的两名一向相谈甚欢的选手神色有异，不似以往那样活跃。吃到一半时，他们告诉我，他们各自的祖国昨天相互宣战了。停了半晌，其中一位又加了一句，他们在中国，所以还可以继续做朋友。言辞之间充满无奈，我们听后默然无语。这个时候，才理解"汉语桥"

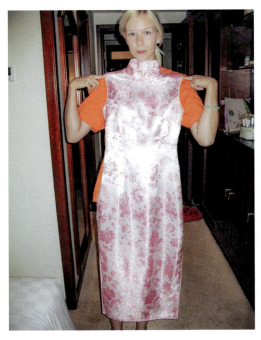

那件非常 beautiful 的旗袍

魏清扬的急智

所创造的这个包容与多样、和平而欢乐的世界有多么可贵。

最后我想谈谈对这次比赛的体会。

第一，汉语大赛比的不仅仅是语言，更是对中国文化的了解。本次比赛的内容可谓无所不包，除了常规的文学、历史、地理之外，饮食、电影、流行音乐、社会问题都有涉及，方言、网络语言等内容也有体现。这些都要求选手真正深入中国生活，真正理解中国，而不能仅仅依靠书本知识。

第二，生理和心理的双重准备是取得好成绩的必要条件。赛前大家公认的夺冠热门、复赛第二名由于在台上过于紧张，30进15时就被淘汰。还有些选手在比赛后期明显体力不支，状态下滑很严重，从而导致发挥失常。调节选手们的生理状态，保持较好的比赛心态，是带队老师的一个重要任务。

第三，心智成熟是走到最后的保证。后期的试题对思维的周密性要求很高，30秒内用5个词语编一个完整的故事，30秒内为一幅画起个名字并加以阐释，这已不仅仅是对语言，而是对整个知识结构和思辨能力的考察。因此我们看到，走到后期的选手往往较为成熟或学历较高，前9名中，有3位博士生，3位硕士生，常年的学习一方面保证了他们形成了自己的思维模式，另一方面也使得他们在表达时能运用较为严谨流畅、层次分明的语言，而较少有口头语和冗余表达，这也正是评委们反复强调的。

  感谢学院给我这样的机会，能和其他学校的老师、学生就汉语教学和学习进行交流，这是一笔宝贵的财富。我从未想过自己会有这样的机会，能和数十所高校上百位不同国籍、不同肤色的留学生一起生活；我也从未想过这样的场景，在二十天内尝遍欢笑、悲伤、骄傲、失落、激动与不舍。大赛本身在国际中文教育事业的长河中不过是浪花一朵，比赛中的点点滴滴却如佳茗余香，回味悠长，令人怀念。

  感谢范凛勋、莲娜、魏清扬，你们用自己的行动为武汉大学争得了荣誉和尊重，你们辛苦了！感谢在北京期间给予武汉大学团队照顾的各校老师们，我要继续向你们学习。感谢你们，让 2009 年的夏天永远留在了我的记忆里。

杏林侧畔

——记武汉大学医学专业留学生教育的点点滴滴

讲述人：牛青　毕业于美国肯塔基大学（University of Kentucky），现就职于武汉大学医学部教学管理处，任教学秘书，九年来一直从事医学专业来华留学教学管理工作，热爱来华留学教育事业。

今年是我在武汉大学医学部来华留学本科教学管理岗位上工作的第九个年头，我现在还记得 2014 年的 9 月，我第一次走在武汉大学医学部的林荫道上，当时阳光灿烂，树影斑驳，风景如画，朝气蓬勃的学生迎面向我走来，兢兢业业的老师与我擦肩而过，我一下子就爱上了武大和武大医学部。

我的主要工作是负责来华留学临床医学专业本科教育（英文授课）的教学管理事务。来华留学本科教学管理工作涉及教与学的方方面面：从招生录取到毕业工作、从日常教务到制度建设、从师资培训到课程和教材建设、从国内教育质量认证到国际教育质量认证，等等。

和武汉大学 130 年的历史相比，九年并不算长，但在这九年中，我见证了武汉大学对外医学教育管理不断完善、质量不断提高、国际声望日益提升的历程。同时，我也深切体会到武汉大学国际教育学院在来华留学教育工作上服从国家战略需求的大局意识和打造武汉大学来华留学教育品牌的服务意识。

过去九年在来华留学本科教学管理岗位上的点点滴滴，没有随风飘散，而是长留在我心中。值此武汉大学建校 130 周年校庆之际，我想分享一些细节，和武汉大学的师生、校友以及国际友人共同回忆我所见证的立德树人的峥嵘岁月。

坚守初心，践行育人使命

武汉大学医学部早在 20 世纪 80 年代就开始招收医学来华留学生。其中，来华留学临床医学专业本科教育（英文授课）自 2005 年开办以来已毕业十三届学生，共计 1100 余人。学生来自全球 40 多个国家，生源地遍布大半个地球，目前已建成 2 门国家级来华留学英语授课品牌课程（局部解剖学、医学免疫学）。此外，我们还与美国芝加哥大学合作，启动临床医学教育教学改革，全面改革课程体系与教学内容、教学方式、评价方式，力求保证高质量完成教学任务。

我们深知，要做好教学工作，首先要组建一支教学水平高、结构合理的师资队伍。为此，医学部坚持吸纳优秀的教师参与到来华留学教学工作中来：选择有国外学习工作经历、教学经验丰富的教授作为主讲教师；选择英语基础好、热心于来华留学教学工作的教师组建教学团队。目前，来华留学临床医学专业本科教育（英文授课）的授课教师中有 78 位正高职称教师，其中 6 人为国家级或省级高层次人才。

考虑到来华留学生来自不同国家，将来大概率会去到世界其他国家执业，医学部在制定来华留学临床医学专业本科教育（英文授课）培养方案的时候，参考了大量资料、听取了各方意见，最终于 2005 年确定了第一版培养方案。随着时代变迁，为适应不断提高的国际医学教育要求和来华留学医学生的实际需求，我们也随之不断地修订培养方案，例如：整合诊断学、手术学、影像学等课程内容，组成临床技能学系列课程；在教学过程中推行小组讨论、角色扮演等教学方式改革，加强学生临床思维能力培养，力求为学生带来最优质的教学内容。

在对来华留学生进行日常管理的过程中，考虑到大多数学生是第一次远离祖国，来到异国他乡求学，他们生活在陌生的文化环境和人际关系中，难免有需要帮助的时候。本着"以学生为本"的工作理念，我们坚持保障与学生的沟通渠道通畅，随时为学生排忧解难。我为每个班级都建立了微信群，与需要帮助的学生互加微信，随时回复学生问题。甚至很多已毕业的学生仍会保留我的微信，当他们在外需要母校帮助的时候就可以随时联系到我们。逢年过节时，当我收到来自远方的学生的祝福与问候，总会让我更加热爱这份工作。

开设中国特色课程，促进文化交流

党的二十大报告强调，我们要坚定历史自信和文化自信，不断提升国家文化软实力和中华文化影响力。而来华留学生作为文化使者，有助于把中华优秀传统文化传播到世界各地。

在和学生接触的过程中，我发现很多医学来华留学生对中医文化有着极其浓厚的兴趣。有着数千年历史的中医文化和独特的中医诊疗方式对来华留学生来说极具吸引力。我深切地感受到学生们对于了解中医和学习中医文化的渴望，我们教学管理部门也认为，为留学生开设"中医学"课程会是一个不错的选择，这样既能满足学生的学习需求，又是一种中外文化的碰撞与交流。因为来华留学生们来自不同的文化，在学习中医学的过程中，他们也许能为我们提供新的解读视角，将来他们去到世界各地，也会将中医文化带到世界的各个角落。在领导的大力支持下，经过与相关学院仔细讨论实施方案之后，"中医学"课程被纳入来华留学临床医学专业本科教育（英文授课）培养方案中。不久的将来，我们就会在"中医学"课堂上看到老师使用英文为来华留学生传授中医知识。可以期待的是，将来在世界的各个角落，我们的毕业生会谈吐优雅地为他国人民讲授中医的知识，弘扬中华传统文化，让更多的人了解和感受中医的魅力，领略中国深厚的文化底蕴。

为促进学生更多元更深入地参与到学习交流活动中来，我们鼓励学生参加校内外各种学生活动和竞赛。2017 年，中国高等教育学会举办"学在中国"来华留学生临床思维与技能竞赛，医学部一方面动员学生踊跃报名，另一方面联合武汉大学第二临床学院为学生安排扎实的赛前培训，经过老师和同学们的共同努力，最终，由临床医学专业（英文授课）2013 级四位同学组成的武汉大学代表队在 26 所高校一百多名参赛选手中脱颖而出，以优异的成绩斩获了优秀团队奖等 3 个奖项。通过比赛，同学们收获到的不仅仅是一纸奖状，也收获到与中外优秀师生共同交流的机会以及难得的友谊，同学们表示，这份友谊不会因为毕业而终止，而会伴随他们飞去到世界各地。

重视实践教学，提升医学教育品牌效应

教学质量的稳步提升，除了要在"学"的方面下功夫，还要重视"教"的方面。多年来，医学部鼓励来华留学临床医学专业授课教师参加国内外各类教学能力培训。

基于医学部与美国芝加哥大学良好的合作关系，芝加哥大学为医学部教师提供了多种培训机会。为更好地服务教师，助力提升教学质量，我从工作伊始就参与到芝加哥大学教师培训工作中来，九年来，共协助 70 名教师参加该培训。

另一方面，为增强学生实践能力，让学有余力的学生得到更多的锻炼机会，医学部除了为学生安排培养方案所规定的实习之外，每年寒暑假还会组织来华留学生到武汉大学附属同仁医院烧伤科进行实习。同仁医院烧伤科是卫生部国家临床重点专科，是集医疗、科研和教学于一体的国内外知名烧伤中心，许多学生都对这个项目充满兴趣。那么如何将合适的学生遴选到项目中来，是个很关键的问题。我首先对申请学生的学习成绩做了详细的了解，尤其关注"外科学"等临床医学核心课程的学习情况。经过与同仁医院烧伤科充分沟通，再通过面试，将优秀的学生遴选到项目中来。多年来，我一直参与该项目的管理工作，力求为学生提供更多的帮助，让他们能从实习中学习到尽可能多的理论知识和实践技能。我也欣慰地看到，参与该项目的大部分同学都取得了优异的成绩，全部学生都圆满通过了实习考核。在每年的项目结业典礼上，总能看到学生们兴高采烈地谈论实习经历，真挚诚恳地向老师表达感谢之情。

多年的深耕培养和悉心培育，我们高兴地看到学生们羽翼渐丰，即将展翅高飞。如今正值繁花似锦的毕业季，随处可见医学来华留学生们在校园各处合影留念。前两天，2011 级毕业生桑吉德还带着他的妻子和一岁半的可爱女儿来到我的办公室叙旧，他本科毕业之后回到我校继续深造读研，如今即将硕士毕业，现已联系好工作单位，毕业之后就会回国当医生。看着他们一家人幸福的笑容，我也非常为他们高兴。在医学部，像桑吉德这样学有所成的毕业生不在少数，他们有的留在中国继续深造，有的奔赴到世界各地，或在医疗领域救死扶伤，或在科研领域辛勤耕耘，还有的毕业生参与到政治经济等其他领域，比如：2010 级毕业生王哈桑，毕业后创办医疗器械公司，2022 年当选为索马里国会议员。

每年，我都会收到大量来自世界各地的毕业生学历认证信件，通过学历认证，我们的毕业生即可在当地参加执业医师资格考试和就业。近年来，我校医学来华留学毕业生在世界各地的认证需求量逐渐上升，例如：去年美国 ECFMG（Educational Commission for Foreign Medical Graduates）发来的关于我校医学来华留学毕业生的认证需求比前年上涨了 30%，从侧面反映了我校医学来华留学教育越来越受到各国认可。

结语和展望

来华留学教育是我校服务国家战略需求、推进学校国际化办学水平、加快"双一流"建设的重要支撑力量，也是学校发展与国家战略、时代需求紧密结合总体战略中不可缺少的一环。秉承这个理念，我们努力提升教学质量和教学管理水平，不断地取得令人欣喜的进展。

2019年，在教育部对我校来华留学临床医学专业本科教育（英文授课）开展的专项调研中，我校来华留学临床医学专业本科教育（英文授课）的各项工作受到了调研专家组的高度肯定和一致好评。同年，医学部来华留学临床医学专业本科教育（英文授课）在泰国医学会的教育质量认证有效期结束，医学部再次组织参加该国医学教育质量认证并成功通过。2022年，为进一步促进学校"双一流"建设，实现"十四五"规划国际化发展目标，打造"留学武大"品牌，学校发布了申报"武汉大学全英文项目和来华留学生课程"的通知，医学部来华留学临床医学专业本科教育（英文授课）参加了其中的全英文项目建设申报并获得武汉大学全英文项目品牌项目资助。2022年底，我校临床医学专业本科教育（英文授课）入选第三批获中国香港认可的医学资格名单，我校为截至2022年底获香港医学资格认可的三所中国内地大学之一，再次扩大了我校基于英文授课的医学国际教育的影响力。

在过去的130年中，武汉大学一直以谋求人类福祉、推动社会进步、实现国家富强为己任。新的成绩激励我们砥砺前行，我们将继续弘扬武大精神，增强医学教育的国际竞争力，大力弘扬中国文化，使学校成为世界优秀青年最乐于选择的中国高校之一，为推进学校国际化建设和"双一流"建设作出新的更大的贡献。

一棵树

讲述人：范小青　讲师，2004 年留校任教至今，主讲零起点至中高级汉语综合课程、中国国情与文化等课程。2015 年至 2017 年赴德国杜伊斯堡－埃森大学鲁尔都市孔子学院任教。已出版专著 1 部，译著 2 部，公开发表论文多篇。

武汉大学在东湖边有个门，门外长着一棵树。这棵树如果再往湖边挪几米，谁也不会注意它，岸边这样的树有很多，都差不多这么高，这么粗，一排又一排；这棵树如果再往路边挪几米，也不会引起特别的关注，路边的树，比它高的有，比它矮的也有。这棵树奇怪就奇怪在既不靠湖边，也不靠路边，它正好长在马路的中间，成了路中间一个天然的分隔带，把这条湖边的双向两车道隔成了两股。这么一棵树，长在一条不宽的马路中间，不方便吗？也许有点儿。但有多么碍事呢，也说不上。大概是这个原因吧，武汉市的市长换了一个又一个，东湖的绿道越修越长，"一棵树"却安安稳稳地长着，从没有谁想过挪走它。时间长了，也许是来来去去的司机，也许是周边居住的居民，大家说起武汉大学东门外的这个地方，都会说"一棵树"。这成了大家心照不宣的地名了，大家都知道，"一棵树"就是那棵树，也只有那棵树，才能被叫作"一棵树"。打开地图，不管是高德还是百度，搜搜"一棵树"，它都会给你跳出一个小蓝点儿，直接指向武汉大学东门外。

在什么都能成网红的年代，"一棵树"还在网上火过几天。似乎有那么几个短视频，一晃而过，又被更多的短视频淹没了。网红就是这样，轰隆隆地来，消散得更快。树就在那里，红与不红，它都无关痛痒地长着。

然而说起"一棵树"，在老武大人心里，在记忆的深处，还有一个与网红"一棵树"

不同的影子。

说它是影子，那是因为这个"一棵树"是真的不存在了。如果你要找它，应该是国际教育学院停车场那一片的草坪里，或许是信息管理学院的大楼那一块儿。说起"一棵树"，老武大人想起的是留学生院的那两栋二层小楼，还有小楼附近的那家小餐馆。"一棵树"就长在餐馆的房间里。伴随着"一棵树"这个名字浮上心头的还有那饭菜的香味，似乎总是鱼香肉丝、香干炒肉那股带着洋葱和青椒的热闹香味儿。

那不大的餐馆里的一个个小包间里，光线总是不那么亮。这家餐馆位置不算好，在这么一个偏僻的角落里，在今天，也许是刻意营造"山重水复疑无路，柳暗花明又一村"的私房菜馆喜欢的那类氛围，颇有几分隐秘的味道。而在当年，确实是不得已。校内的餐馆，能找到地方开张就算是不错了，哪里还能挑地方呢？然而学生们是喜欢的，总算在食堂之外多了一个小炒的选择，有几分家的味道，而且距离宿舍也近，所以这里的生意出乎意料得好。

走进这不大的餐馆，房间是曲曲折折的，左边一间穿进去，右边一间绕出来，看起来不大的一间小馆子，房间你中有我，我中有你，互为通道，虽然去的次数不少，这个小馆子的平面图在我心里还真没闹清楚过。说回到光线，因为房间不大，地方也偏，那里的一张张年轻的面容总是在半明半暗的光线里浮着。回忆中，那一张张脸似乎都在一片由油烟、梦想和憧憬混成的烟雾中闪闪发光。去吃饭的多数是学生，学生里头还得有一半儿是留学生，黑色白色的皮肤、黑色金色的头发，还有夹杂着炒菜声、喧闹声、各国语言交谈声中的惊叹与大笑。

留学生莫尔就是这许多常常光顾的食客中的一员。

莫尔是我当老师以后带的第一个班里的学生。在全班 12 名来自世界各地的留学生中，他十分显眼。他个子又高又壮，一头茂密打卷儿的金发，眼睛是货真价实的蓝色。据他自己说，他自小就对中华文化充满了好奇和向往，因此决定来到中国学习。经过一番考虑，他抱着好奇心选择了武汉这个他们那里还很少听说的地方，成了我班上的一名留学生。

莫尔来到了武汉后，很快就适应了这里的生活。他仿佛一条鱼，在留学生院的池塘里游得欢着呢。有时候，我看见他端着咖啡在宿舍楼的小卖部那儿和一群同学高谈阔论，旁边围着三五个老外同学，用崇拜的眼神仰视着这个大高个儿，一看就是新生。我憋着笑，端着老师的架子和莫尔一点头就过了，心里想：这家伙，自己来了也才半年，这就开始忽悠人了。他还在后面追着喊：范老师，范老师，我请你喝咖啡！

莫尔不知道，新学期开学不久，我就在"一棵树"餐馆里见过他和同学们聚餐。那时新班级刚刚成立，莫尔正在和新同学们吹牛，一群黑的黄的白的洋娃娃挤在几张拼起来的桌子边，被他逗得哈哈大笑。桌上的啤酒、各种菜、碟子，堆了一桌子。好热闹啊！这个年轻人，真是又幽默又充满了号召力呢。我在一次课后顺势提出，咱们班要选个班长。果然，大家一边直接喊着"莫尔莫尔"，一边齐刷刷地看向他，他也大大方方地一口答应了。

后来，我又在餐馆里见到过莫尔几次，他只要看见我，总会热情地和我打招呼，我也每次都会和他聊上几句。我发现，莫尔是一个非常聪明、有活力的年轻人。他的学习成绩算不上是最优秀的，但是他的确对中华文化充满了浓厚的兴趣。他很愿意给我看他自己拍的照片，最开始，是武汉，比如汉口、长江轮渡、街边缺了一条腿的小木凳、破烂的沙发、下棋的人。后来范围慢慢大了，武汉周边，还有更远的城市。还有一次，莫尔给我看的是他参加的一个农村婚礼，那冰天雪地里和莫尔合影的新郎新娘脱了羽绒服，崭新的婚纱和西服分外精神。莫尔说，这是在河南农村，他的中国朋友带他去的。他说这话时那笑容，分外灿烂。

有一次，我突然看见和莫尔一起吃饭的不是一群人，而是一个人。这可引起了我的兴趣。我好奇地走了过去。那是一个中国女学生，长得非常秀气。莫尔向我介绍了他的女朋友，我也高兴地和他们打了个招呼。那姑娘调皮地说："好啊，以后你要欺负我，我就告诉老师了。"莫尔瞪大了眼睛，难得露出了一丝"囧"态。真是太逗了。从那天起，我开始注意到了莫尔的变化：他变得更加成熟稳重了，也更加关注自己的形象和言行举止。

时间过得很快，莫尔不久就升入了更高一级的语言班。他似乎更忙了，在"一棵树"看到他的时间少了。偶尔碰到几次，有时候，他告诉我他在做实习兼职，有时候，他还会告诉我他和女朋友的一些事儿。

大概是本科毕业那年，再次在"一棵树"看到莫尔的时候，他告诉了我一个好消息：他要结婚了！我还记得他的脸闪闪发光，红扑扑的像个小孩子。他还告诉我，结婚后他会留在中国和太太一起生活，他已经找到了工作，在一个学校当英语老师。

　　时间过得真快啊，我的学生也当老师了。珞珈山青翠如昔，"一棵树"里的食客来来去去，一届届学生在这小小的餐馆里品尝酸甜苦辣，分享喜怒哀乐，我也有幸见证了一个热爱中国的小伙子在武汉大学的青春岁月。他像一颗来自异国他乡的种子，在这里扎根生长，逐渐高大繁茂。

　　这样的留学生，在"留学生院"发展成为"国际教育学院"的这些年里，实在是太多太多。餐厅中的一棵树默默倾听了多少这样的故事，也许和它枝头的绿叶一样多。一棵树，早已成为记忆中不可磨灭的一段岁月，而它的种子四处播散，山高水长，珞珈永不忘。

让全世界看见珞珈的星空

——来华留学招生工作侧记

讲述人：莫怡文　武汉大学计算语言学博士，现任国际教育学院招生办公室主任。曾多次赴境外拜访武汉大学校友，并担任短期班课程"珞珈著名建筑与人物"主讲人。

说到"来华留学"工作，内行人从来都不是单维思路。来华留学工作，是教书育人，更是外事建瓴；是笔墨韬略，更是跋涉纵横；是决断果敢，更需慎言勤思。所有在涉外岗位上坚守的朋友，内心都有一个勇敢的声音吧。人的一生很短暂，不仅是柴米油盐或儿女情长，也要做几件让自己骄傲的事。长期从事来华留学工作的珞珈人，都有着共同的心愿，那就是：让来自世界各地的莘莘学子在全球每一个角落仰叹星空浩瀚之时，都能忆起大楚青绿的盛世美颜，都能寻找到属于内心深处的"珈"。本人虽已从业十年，但所思依然单薄，回想种种，总有几个画面照亮着人生。校庆之际，抛砖引玉，以文代绘，与大家分享。

点　燃

教书育人不容易，如何在来华留学工作中吸纳包容不同的文化、不同的认知，培养亮闪闪的国际人才，更是困难重重。从事过来华留学工作的人都能明白其中的不易，同时也深知来华留学事业所需的宏大胸怀及含蕴的深远意义。

十多年前，我随团去一个南亚国家进行招生宣传，只待了半个月，短短十几天，竟每天都是煎熬。不便的生活、闭塞落后的环境，不同的语言、不同的认知，让自已觉得与周围格格不入。各种不适应、不理解，让我们来华招生工作人员寸步难行。在受当地政府邀请举办的大型招生展上，我努力把我心中的画面展示给学生，却几次被好奇的孩子们打断："老师，你们大学宿舍提供自来水吗？""老师，你们大学有公用电话吗？""老师，你们大学会允许女同学参加体育课吗？"……听着这些询问，一时间我们不知再从何说起。一位老父亲，带着小儿子来询问本科项目，竟然不知道中国有那么多大学，也不知道中国的大学只接收有高中学历的孩子，更不知道中国高中生都会学习数学。展歇期间，会展方为所有到场的老师、家长和孩子提供免费的纯净水和点心。那位父亲羞怯地问我，是不是可以帮他的孩子取一点食物，因为他们是清早出发，没有吃过东西。我告诉他们这些食物随便吃没关系，他们也只是羞怯地取了一小点，站在场边慢慢品尝。在场一位老师拿了几瓶水让他们回去的时候带着路上喝，那位父亲特别感动，说即使现在孩子没办法来中国读书，也会争取每年都带孩子们来参加这个以中国高校为主的招生教育展，让他们知道中国大学的美。

后来我因招生工作，陆续走过数个发展程度不同的国家和地区，我深刻体会到，树人可当百年。然而人类生物性使然，每个孩子的成长关键期时间有限，一旦错过，智力发育和个性完善都受影响。信息量大、社会机制稳定健全、发展程度较高地区的孩子们，有条件了解世界其他地方的信息，学习外语，有完备的基础知识和健全的认知体系。而世界上还有许多国家和地区的孩子，留守故土，上学都要翻山越岭，他们能够在有限条件下立志读书，立志踏出故土寻找知识，那是需要非比寻常的勇气的。生活在社会动荡的国家，在各类支持缺失的情况下，一个学生希望走出国境，寻求来华留学深造，成为守护他对知识的渴望和生存立足的最后的底线。

全世界来华留学招生中面临的很多学生差异问题，客观上并不是那些国家和地区的孩子愿意与其他孩子存在差异，而是全球教育在数百年发展中形成的优质资源国家与地区分布不均造成的。单看基础教育，有的国家坐拥了几百年不间断的资源累积，而有的国家才进行十几年却仍在动荡。

现在的来华留学工作，是当今世界发展的助推器，所占之视角包括广阔的希望，希望所有心怀远大的学子和老师都能同等享受高速发展的红利。每一个学子都是世界和谐发展的希望，每一个国家、每一个地区、每一个个体都不应该被历史牺牲。希望全世界都能够用最大的善意来助力教育的均衡发展，让每个灵魂的成长能够获得终极关怀。

那次教育展后第五年，当年那个羞怯的男孩申请到了中国政府奖学金，带着自信和全新的气质来珞珈山报到了。他拜访了当年在教育展上遇到的老师。他说，当时的全新信息让他和家人都意识到，读书不仅提供了生存出路，还承载了对生命的全部认可。这也许就是教育的终极意义吧。在可以选择的时候，允许人们走出困局，生出更加光彩的期盼。生命出彩的第一步，就是要有对知识的渴望。武汉大学，承载了多少渴望，就孕育了多少奇迹。

传　承

2023 年砥砺破冰，马来西亚教育展武汉大学展台之前，咨询者始终络绎不绝。一位六十来岁的女士引起了我的注意。她一边认真地看着学校的招生宣传画册，一边细致地问："武汉大学准备了哪些奖学金项目，有多少名招生计划，为新生准备了哪些适应性的活动呢？"我笑着说："看您对武汉大学这么感兴趣，是不是之前到过珞珈山啊？"她笑着说道："你目光如炬啊，三十一年前，也是在春夏之交，我随团参观了武汉大学，湖光山色、巍峨建筑和良好的学风让我终生难忘！很遗憾，我的儿子没有实现到武汉大学求学的梦想。现在，我的孙子和孙女即将中学毕业，希望能到武汉大学深造！"我热情地回答："非常感谢您对武汉大学的关注和关心，也非常欢迎他们来武汉大学求学！"

就在这时，旁边一位四十来岁的男士走上前来，笑着说道："这世界太小了，武汉大学太大了！十几年前，我在武汉大学参加过一个短期培训，给我们上课的老师知识渊博、谈吐风趣、风度翩翩，给我们那一期的同学留下了非常深刻的印象！我的儿子马上高三，我希望他能到武汉大学留学！我还有几个好朋友，他们受我的感染，也想让孩子到武汉大学求学。他们还堵在来会展的路上。"我笑着说："能在异国他乡遇到校友，实在开心！也非常感谢您对母校招生工作的大力推介！"他看了看手机，起身说道："估计还有一刻钟，他们就能到，我这就去门口接他们！"

大约二十分钟后，他带着几个人来到了学校的展台前面。他一一介绍："这些都是我的好友，这位在我的公司工作，这一位参观过武汉大学，这一位的亲戚中有武汉大学毕业的校友，这一位与武汉大学的教师有过非常愉快的合作经历。"一位女士高兴地说道："我的侄女前几年从武汉大学毕业，回国没几年就准备创业了，我从她身上感受到了武汉大学追求卓越的育人成效！我也想让我的孩子到武大

来！"我们热情细致地介绍了武汉大学近几年的发展情况和留学生工作的新举措。我们讲得很投入，他们听得很认真。

人们都相信，一个人的见识成就了对当下的明辨，能看见多远的过去，就能看见多远的未来。来华留学工作，应该有现实的育人关怀，还应该有点烟火气，去认真看、认真听，体验不一样的境遇与文化，而不仅仅是坐而论道拿捏已知。身在远方，骨血中的脉搏更能唤起内心最真的文化共鸣。每一次海外招生之行，都让工作人员们深刻感受到中国大学办学实力的提升和魅力半径的拓展，以及来华留学招生工作的恢弘格局和深远成效。

前 行

时光在 2020 年年头似乎短暂凝固。形势紧急，武汉大学国际教育学院邀请原有来华留学招生合作单位召开紧急线上会议。参加者们主要介绍 2020 年原计划招生宣传的策略与举措，以及疫情期间重新布置的投资项目内容及资金配比、使用措施。这个原本三十分钟的会议，开了两小时。在主持人介绍完与会人员后，武汉大学的老朋友、来自日本嘉悦大学的冯雪梅老师说："刚刚得知，嘉悦大学短期班因故暂停，重新开放时间待定，所有参与前期招生和筹备的工作人员此时的心情一定都很复杂，接下来，还要面对数十天甚至数月的项目延期。武汉大学国际教育学院工作人员的压力可想而知。在此，向你们的辛勤劳动表示感谢，也向你们说声：加油！"话音未落，已是深深感动。

2022 年圣诞节前，我再次收到嘉悦大学冯老师的来信。她在疫情两年期间全力推进两校合作与交流，并参与了汉语教材的修订与编写。信中她说："文化认同和个人希望，这两个看似宏大与细微对立的概念，在当今世界却不可分割。任何人，任何群体，都应该在宏大的家国命题中尝试理解各种困难，尽管会很艰难，但这就是教育与文化交流的意义。"

新的世界形势正影响着整个欧洲，而且必将波及整个世界。今天，我们欣喜地看到许多合作伙伴对来华留学事业表示出诚意，武汉大学更为这一事业的未来发展做出了自己的努力。同时，我们也惊喜地发现，这项事业滋养了无数怀揣希望的灵魂。即使将面对困难重重，我们不会停止前行。

烟火年年，身虽平凡，仍觉有幸。来华留学招生工作十多年，总有惊喜，总有峰岭异质的别样风景。宇宙浩瀚，能处一隅看世事变化，能历经困难看春华秋实，所有因来华留学工作的机缘得来的丰富感受，让身处一线的我时时生出对文明的敬畏，对文化的尊重，对珞珈的喝彩，对我所处伟大祖国的深深自豪！时光洪流滔滔，人世依然如故，相信每个武大人，都可以怀抱更远大的梦想；每一个来华留学工作人员，都可以看见更无限的人生；所有出发于珞珈的孩子，都能够过尽千帆还有梦，眉眼清扬仍少年！

难忘的二三事

讲述人：洪豆豆　武汉大学国际教育学院教师，2008 年加入国际教育学院执教至今。

　　我是在武汉大学文学院读的博士，按理说，我读的专业如果进高校工作，应该进文学院，可是最后来到了国际教育学院，这不失为一种奇妙的缘分！我于是在国教院扎根下来，一干就是十五年，从一只啥都不懂的菜鸟成长为还算成熟的国际汉语教师。这一路走来，有惶恐、有烦恼，当然也有感动、有幸福。这些记忆散落在这十几年的时光中，从来没想过要把它们写下来。借这次征文活动的机会，干脆梳理一下，拣些难忘的人或故事讲给诸位听一听。

　　刚进国教院的新老师，一般会被安排到医学部历练几年。因为医学部的留学生是公认的硬骨头，新老师只要能啃下这块难啃的硬骨头，不说立马变身熟手教师，也可以积累不少管理和教学经验。我在医学院前前后后干了两三年，和学生的关系可以用"相爱相杀"来形容。虽说已经读大学了，但是从年龄上看，他们也不过是些十八九岁的大孩子，爱玩、爱闹、爱偷懒……就是不爱上课、不爱考试。我后来总结出，给他们当老师的第一秘诀是"严"，真的一点儿也不敢放松。俗话说吃一堑长一智，我吃的那一堑至今记忆犹新。有一次，班上一个女生向我请假，原因是头疼还是肚子疼，已经记不清了，我让她回宿舍好好休息。没想到第二天，请病假的学生激增到 5 人，连理由都不变。他们围着我念了半天"老师 please"，看我坚决不同意，只好悻悻地回到了座位。从那以后，再有学生请病假，我一律要求出示病历。像这样斗智斗勇的小故事还有很多，医学部的几年磨砺确实让我成长了很多。

另一件小事是很有意思的，现在想起来还会发笑。因为没时间去办公室，我只能把一袋橘子拎到了教室，放在教室一角的空课桌上。课间休息的时候，等我从卫生间回来，发现学生们人手一个橘子，正吃得津津有味，还热情地招呼我："老师，吃橘子，好吃。"一袋橘子只剩半袋了，我索性把剩下的橘子全分了，和他们一起吃起了橘子。后来，他们常常会问我："老师，什么时候吃橘子？"

我有幸去法国巴黎的孔子学院工作过两年，这座拥有非凡魅力的城市给我留下了深刻的印象，除了巴黎的美景和古迹，更难忘的是孔子学院的那些爷爷奶奶们。之所以称呼他们爷爷奶奶，是因为从年龄上来说，他们真的是爷爷奶奶，头发都白了，甚至有人拄着拐杖来上课。这是巴黎孔院的一大特色，不是没有年轻的学生，只是老年学生占的比例几乎达到二分之一。他们对我非常和蔼，就像对家中的小辈一样，推荐巴黎好吃、好玩的地方，耐心地听我说笨拙的法语，纠正我的语法错误，示范正确的发音。还记得，一次因为带病上课，我在教室晕倒了，当我恢复意识的时候，他们都围在我身边，看见我醒来高兴得不得了，一致要我停课休息。要知道，他们中有些人住得非常远，来一趟很不容易。当我最后离开孔院回国的时候，一位奶奶送给我一本精美的图册，里面都是巴黎的照片，她告诉我不要忘了巴黎，不要忘了他们这些在巴黎学汉语的人。

和孔院的年轻学生相处时，彼此之间更像是朋友。我曾受邀去学生家参加聚会，带去了中国城买的饺子，她一吃到嘴里就不禁发出非常夸张的赞美声，一个劲儿地感谢我带去如此美味的食物，并拿出珍藏的红酒投桃报李。大文豪海明威在《流动的盛宴》开篇中说过："如果你年轻时在巴黎生活过，巴黎会一生都跟随你，因为巴黎是一场流动的盛宴。"在巴黎的这两年，永远是我生命中一段值得怀念的美好经历，怀念的不仅是那座城市，更是生活在那儿的温暖人心的学生们。

回国以后，我继续在国际中文教学这块园地默默耕耘。学生们来来又去去，只有老师们始终坚守。大多数学生离开后的一两年，记忆中还能寻到他们的影子，时间再久一些，终究会被淡忘。不过，总有几个学生会留下他们的身影。首先想说说阿斯玛，忘不了她有三点。第一，因为和"阿诗玛"只有一字之差，这个名字我一眼就记住了。她的外貌也很有辨识度，没见过黑头巾、黑袍以外的造型。比起名字和外貌，她对汉语学习的热情更加打动人，这是其二。上课时，她总是目不转睛地注视着黑板，一副全情投入的样子，只是回答问题的时候，总表现得不太自信。再就是她的作业，一笔一画写得特别认真，而且一次都没缺过，即使生病请假，过后也会把当天的作业补起来。我并没有要求这么做，她纯粹出于自觉。可以说，阿斯玛的每一次进步都是她用一点一滴的汗水换来的。最后打动我的是她的真诚。暑假过后的新学期，她来办公室找我。我很意外，因为她这学期升到中级班，我已经不再是她的老师了，可她依然带着腼腆的笑容问候我，寒暄几句以后，她拿出了从国内带来的纪念品，感谢我对她的指导和照顾。升班以后还特地回来看我的，阿斯玛是第一个。

还有一个男生，名字也挺有意思，叫王子。怎么说呢，是那种平时不怎么认真，一到考试就仗着点儿小聪明临时抱佛脚的家伙。学院对留学生的考勤有极其严格的规定，如果缺勤次数达到总课时的三分之一，就取消该课程的期末考试资格，也就是说，非重修不可。期中考试以后，我把缺勤严重的学生找来恳谈，王子是其中之一。在我多次强调出勤的重要性以后，王子承诺以后不再翘课，并拜托我监督他。习惯了他吊儿郎当的样子，本来以为这次也只是口头说说而已，但出人意料的是，自从上次跟他谈过之后，从出勤到课堂表现再到课后作业，他完全就像变了一个人。期末成绩出来，他成了全班进步最大的学生。怀着小小的成就感，我高兴地送走了这个班。时间一晃到了圣诞节，王子突然发来一条微信，祝我圣诞节快乐，我也客

韩国研成班金同学留给笔者的画像

气地回复节日快乐。接着，他又发来长长的一条，把能顺利完成学业归功于我跟他的那次谈话，再三向我表示感谢。说实话，我早就记不清当时跟他谈了些什么，也想不出是哪句话改变了他。但是，我想我从此以后会一直记得，作为一位老师，不要放弃你的任何一个学生。有时候，可能老师只需要再推一把，结果就会截然不同。

最后要说说左侧这幅画。说一幅画可能有些夸张，实际上只是在作业纸上用铅笔画的一个头像。作者的名字我已经忘了，只记得是韩国研成班的一个女生，好像姓金？姑且称呼她金同学吧。那是研成班的最后一次课，学生们都离开了，只有金同学留了下来，我还以为她想问什么问题。她红着脸塞给我一张纸，小声说："老师，谢谢你。"然后一溜烟跑了。打开一看，纸上画了一个中长卷发的女性头像，旁边写着"综合洪老师"。作为珍贵的纪念，我一直把这张画像好好地保存在笔记本里。

以上是看到"我和武大来华留学的故事"这个主题以后，浮现出来的一些记忆。期待今后有更多、更精彩的武大来华留学故事发生在身边，我愿意做个讲述者，把它们讲给更多人听。

在那枫园深处

讲述人：刘莉妮　2001 年起在武汉大学从事国际中文教育工作至今，主讲中高级语言课程及中国国情与文化课程。分别于 2006 年和 2009 年赴韩国交流访学，2012 年至 2014 年赴法国西岱大学孔子学院担任公派汉语教师。

　　武汉大学的东门，在东湖绿道的一端，正对着 402 路公交车站。这个僻静的校门，不似珞珈门、弘毅门、凌波门那样总是人来车往热闹非凡，它偏安一隅，日日迎接武汉大学的第一缕阳光，呼吸着东湖的澹澹水波吹送的清凉。

　　从东门进来，顺着扬波路一直往上走，经过"外招"那座白色的四层小楼，再下一个平缓的小坡，就到了武大的枫园。枫园和东门的气质绝配，它远没有樱园或梅园那样的鼎鼎名气，几乎看不到游人在这里拍照打卡，但对于武大的留学生而言，这里一定是最有记忆点和归属感的地方，是他们在异国他乡的"家"。在静谧的枫园深处，在珞珈山温柔曲线的合抱下，国际教育学院静静地伫立着。几十年寒暑更替，来自世界各地的学子来来去去，在这里生活、学习，感受中国。离开时，他们都已把一部分的武大刻画进自己的生命，而枫园的每个角落，都留下了他们鲜亮的身影和成长的足迹。

清　红

　　2019 年 8 月，正是珞珈山里蝉声最盛的时候，武大校园里出现了一个清凉的身影。一袭长及脚踝的绛褐色长袍，面容清秀脱俗，眼神温和沉静。她是一位来自越南的出家人，俗名叫阮氏清红。

清红 7 岁时看了一部中国电影《少林寺》，便被影片中僧人的勇气和慈悲深深打动，从此和中国结下不解之缘，佛法的种子也埋进了心里。两年后，9 岁的小清红立志毕生弘扬佛法，父母尊重她的选择，送她去寺庙剃度出家。所有知道的人都感到不可思议：一部中国电影居然对一个越南孩子有那么大的影响，以至于成为她皈依佛门的缘起。提起这个，清红每每自己也会笑起来，然后很明确地说：是的，这是我和中国的缘分，和佛法的缘分。

在越南有个说法：不知道《西游记》的故事，一个人就没有童年。清红非常认可这句话。她从小就热爱中国文化，对中国的一切都感兴趣，而寺庙生活、前辈僧尼、佛家经典都让她有很多机会接触到汉语和中国的历史。在寺庙读完小学和初中后，清红去了河内更大的寺庙，继续读高中和大学，也就是从这时候起，她开始系统地学习汉字书写、汉语阅读、古琴、茶道、书法等。她的汉语老师是位从武汉大学毕业的越南姑娘，从老师那里，清红第一次听说了黄鹤楼、宝通寺、武当山。在她心里，这都是些闪光的名字，虽然还没去过武汉，但她对这座城市的亲近和向往日益加深。

2019 年，清红终于获得了一个能来中国留学的机会，她毫不犹豫地选择了武汉大学。行走在珞珈山的青翠林间，端坐于枫园教学楼的中文课堂上，清红度过了一学期愉快的时光。她喜欢武汉大学每一个温柔而安静的角落，享受着老师们热情而认真的授课，以及课后和中国朋友做饭、喝茶的美好瞬间。除此以外，她还实现了一个古琴的梦。

高中时，清红就爱上了古琴，她认为这种古老的乐器正体现了中国"天人合一"的思想。高中毕业，她买下了属于自己的第一张古琴。虽然琴并不太好，但对贫寒的高中生来说，这把琴花光了她半年的生活费。来到武汉以后，清红认识了越南古琴高手阮延俊博士。阮老师同意收清红为徒，但是只教十天。十天之内，清红学会了几首入门的曲子，如《仙翁操》《阳关三叠》等。至于她最想学的《流水》，阮老师笑着说："师父领进门，修行在个人。你现在的功力，还学不了这个曲子，你先认真练习两年后再说吧。"

清红以出家人的认真勤谨来践行老师的要求，自那天开始，她每天必花两个小时来练习古琴，不管是在武汉还是在回到越南之后。跟着网上的视频，她学会了《关山月》《神人畅》等曲子。不懂之处，她就一遍遍反复听、反复琢磨、反复练习。一学期结束后，清红回到越南过春节，没想到疫情暴发了。当初不支持她去中国留学的住持师父说："你看吧，让你去美国学英语你不肯，非要学汉语，现在你回不去中国了，汉语学习就只好中断了吧。"清红不服气，她努力申请到了国际中文教师奖学金，在第二个学期以及第二年都能继续参加武汉大学的线上课程。除了诵经、礼佛、坐禅、抚琴，清红克服时差、网络等困难，把全部的休息时间都用来坚持学习汉语。住持师父被感动了，特别允许她在网课时间不用参加寺庙的活动，专心听课。清红也分外珍惜这一来之不易的学习机会。

2022 年的秋季学期，有一次课间，我本打算给同学们播放一首汉语歌放松一下，清红主动提出："老师，我会弹古琴，我可以为大家演奏一曲。"她用手机对准自己拍摄，在同学们的期待中，清红开始拨动琴弦。那曲子时而清澈流畅，时而风急浪涌，一气呵成，气象万千，正是那首当年阮老师不肯教的《流水》。一曲终了，全班陶醉，可惜不能当面表达赞美，大家就在线上课堂的聊天框里拼命送花、热烈鼓掌、点赞。课后，我满心佩服感动，发信息祝贺她："清红真棒！你果然在两年后学会了《流水》，这是怎么做到的？"清红发来一张截图，是古琴演奏家乔珊老师在 Youtube 上的表演视频，观看记录显示，清红看了 27000 遍！

清红离开武汉时，阮老师送给了她一张自己亲手制作的精美古琴，清红如获至宝。如今回到越南的寺院，清红仍然是一袭宽袍大袖，她从武大的盛夏蝉鸣中走来，走在越南灵单寺的小路上，只是背上多了那张阮老师赠予的古琴。她常常被邀请去表演中国古琴和茶道，一有中国游客参观，她就忍不住从禅房出来，用汉语跟他们聊上几句。直到今天，她还是每天随身揣着三年前武汉大学发给她的那张校园卡。前不久，清红打电话告诉我：

"很快，等我处理完在越南寺庙的事情，我就会回到我的第二故乡武汉。余生，我希望在中国度过。"

Kim

和 Kim 的第一次见面，我至今记忆犹新。

那时武汉大学在法国的合作孔子学院第一年招生，组织学员们来武大进行为期两周的游学春令营，由我担任这个短期班的汉语老师。十几位学员中，优雅的老太太 Kim 是其中的一位。

一次课间休息，其他同学都出去了，教室里只剩下我和 Kim 两人。

"Kim，你为什么学汉语，你或你家人是不是来自中国？"看她温婉的东亚面孔，我们开始闲聊起来。

"不对。老师，你猜我出生在哪里？"她饶有兴致地反问我。

"你叫 Kim，是不是来自韩国？"她笑着摇头。

"那么，越南？"听她的汉语发音中约莫带有一点越、泰或两广一带的口音，我这样猜测道。但她也说不对。

然后她告诉我，她是出生在柬埔寨的华人后代，父母双方的祖辈中，都带有一部分的中国血统。她十几岁就去了法国，在法国已经生活了近五十年了。

"所以我汉语不太好，这就是我为什么要来学习。汉语是我的祖先的语言，我应该好好学，"她继续说，"我在法国，法国人一看我的脸，就想（认为）我是中国人。现在我来到了武汉，中国人一跟我说话，就想（认为）我是外国人，他们不想（不认为）我是中国人！"她在努力用刚学会的句型表达，语气渐渐激动起来。

"现在我不知道我是哪里人，我没有家乡了，老师！"说完这句话，她突然悲从中来，眼睛里顿时盈满了泪水。她深深埋下头，把脸捂在厚实的大围巾中，"呜呜呜"地大哭起来。

本来是轻松的课间闲聊，却画风突变。面对着一位长者悲伤的眼泪，我手足无措，又意外又抱歉，只能赶紧走到她身边，默默递上纸巾。她柔弱的肩在我的双手间剧烈抖动着，我俩一时无言。此时，陆续有同学走进教室，Kim 也迅速地调整了自己的情绪。接下来的时间，直到春令营返回法国，我们再没找到合适的机会交流。至于那天她为什么会那么伤痛，这个疑惑也就一直留在我心里。

六年后，我被武大外派到巴黎的孔子学院任教。一走进高级班的教室，我就在众多好奇的目光中感受到一双笑意盈盈的眼睛，她先认出了我。原来是 Kim，她竟然还在孔子学院坚持学习。他乡遇故人，真是个大惊喜。更令人欣慰的是，她的汉语和六年前相比进步了很多，她对汉语学习的热情也有增无减。

高级班的课每周一次，Kim 从不缺课。她家在大巴黎郊区，来一趟孔子学院不太方便，开车或坐火车单程都要一个多小时。我到孔院工作的第二年，她搬离了郊区舒适的别墅，住到了小巴黎，离孔院只要十来分钟，她非常满意这个决定。没有课的日子，每天一起床，她先做一套早操，然后用整个上午复习和预习汉语课的内容，一直到午饭时间。后来听说她调整了顺序，起床后先学汉语，因为"年纪越来越大了，

体力不够，如果先做完早操，就没有力气再学汉语了"。

她是有多么爱学汉语呢？有一次她给我展示了一个本子，里面全是她的中国朋友或汉语老师发给她的电子邮件。她把这些汉语邮件一字一句地抄写下来，再反复认读。大部分汉字都被标上了调号，有的词还备注了词义。看着她工整的字迹，听她如数家珍地朗读其中的语句，我又吃惊又感动，还有一点惭愧——本子上也抄录有我的邮件，可有些内容我都已经淡忘了。对我们来说，用汉语回复一封邮件，并不需要费多少时间和脑筋，但她却如此珍视，全都拿来作为汉语学习的材料。现在我再问她，你为什么那么爱学汉语？ Kim 这样回答："因为汉字很美，汉语也特别好听。我听汉语就好像听到我爸爸说话一样。"Kim 的父亲不会说普通话，只会说潮汕话，但是这不影响她感受汉语课带给她的亲切感。

日常她最爱跟人念叨的是："你们年轻人啊，应该对中国政府温柔一点，不要总是批评！中国的发展已经很快了，你们应该理解中国政府，这么大的国家，不容易啊，就像一个妈妈要照顾那么多孩子一样……"她总是耐心而认真地说这些话，语音语调不甚流利，却让人备感真诚。

圣诞节时，Kim 一定会邀请孔子学院的中国老师去她家过节，年年如此。中国老师换了一批又一批，几乎每一位都受到过她的盛情款待。她说，法国人在圣诞节都要全家团聚，你们在法国孤孤单单，没有家人在身边，那就来我家聚一聚吧。Kim 有一手好厨艺，尤擅东南亚风味。每个去过她家的人都会赞美——餐具雅致、食材讲究、摆盘艺术，每道菜都很隆重。她是真正把孔子学院的老师当作亲人来对待了。

在和 Kim 的接触中，我越来越感受到她的可爱可敬。人到暮年，能长期坚持汉语学习的，大多不带什么功利性目的，也正因为如此，才能克服困难坚持下去。担心会触及她的隐痛，我后来没有直接跟 Kim 提起过几年前那次课间插曲，但答案也似乎逐渐清晰——尽管她出生在柬埔寨，生活在法国，一生中没有在中国长居超过两个月，但在她心中对自我身份的归属，始终是中国人。她对中国怀有深厚的感情——走过的那么多地方都是异乡，只有中国才是她的根。

美丽世界的回忆

讲述人：姚波　2009 年毕业后在原武汉大学 WTO 学院工作，2014 年到国际教育学院综合办公室工作。曾作为"另一个美丽的世界"公益组织志愿者策划并参与了多次赴湖北省农村山区中小学校的公益行和夏令营活动，获评 2014 年湖北省慈善总会年度优秀志愿者。

多年以后，我依然会记得怀揣忐忑从虎泉赶往枫园教学楼的那个下午。那时国际教育学院刚刚由原留学生教育学院和 WTO 学院合并成立，时值 2014 年的秋冬之际。随着学校机构改革推进得轰轰烈烈，多家单位先后合并，我从 WTO 学院学工口调到新学院的综合办公室工作。WTO 学院以前主要负责培训中国学生赴海外深造业务以及法商双学位本科和世界贸易组织法硕士培养，而留学生教育学院则致力于吸引外籍学生来华求学。因合并后学院的英文简称为"SIE"（School of International Education），便有有识之士趣称为"School of Import and Export"。

面对刚投入使用不久的枫园楼，面对楼里配置齐全的报告厅、坐拥湖景的会议室，再想到因场地限制而时时周转不开的虎泉校区——出于此前从事学生工作的习惯，我不禁在脑海里勾画出了"鸟枪换炮"的多重画面：飙歌大赛终于能有标准舞台了，沙龙活动也不用再轰轰隆隆地拖桌搬椅了……相对于单位合并给教职工带来的影响，"进口"和"出口"的学生们倒是率先乐得其所，很快就打成了一片。2015 年 10 月，中外学生首度合作举办了迎新晚会，中国学生的《Rolling in the Deep》《O sole mio》和国际学生的《我可以抱你吗》点燃全场，余音绕梁。以此发端，大家一起组团参加学校各类文化体育活动。2018 年，中外学生合作《扬枪兮拊鼓》

登上学校金秋艺术节服饰大赛的舞台，开创性地斩获了当年魁首。

学生活动中，令我印象最深的还是"另一个美丽的世界"公益行活动。这项活动最早于 2006 年由几名即将赴法留学的大学生发起，获得了在汉大学生和外籍志愿者的积极响应，并在爱心企业资助下设立了公益基金。公益行活动包含着多重美好愿景：让农村和山区学校师生通过活动开阔视野，看见多样的世界，感受来自远方朋友的关爱；让外籍志愿者了解中国农村教育及其建设的巨大发展，体会中国农村人民的朴实与热情；让中国大学生了解基层教育现状，培养他们的社会责任感。简言之，公益行活动实践了一种在当时全新的中外教育文化交流的方式，增进了中外人民友谊。于今看来，在促进"民相亲、心相通"方面，这项活动走在了时代的前列。

武汉大学的外籍教师、中外学生志愿者一直是活动的主力。华中科技大学、华中师范大学等高校也陆续以各种形式参与活动。粗略算下来，近千名拥有多元文化背景、不同社会经历的中外籍志愿者在湖北广水、鄂州、阳新、荆门、麻城、南漳、恩施、咸宁、黄冈等地留下过足迹，累计接触农村和山区中学师生数以万计。同时，该活动也通过公益夏令营的形式，邀请农村和山区的大朋友小朋友们去上海看世博会、来武汉大学听珞珈山的故事。曾获评湖北省优秀外国专家"编钟奖"的武大法籍教师 Geneviève Busson，踩着滑板在校园里赶着上课的法语教师 Mickaël，酷爱读书的英语教师 Dean Jones 等都曾是志愿者中的一员。2015 年，通过该项目基金牵线，武汉市政协组织了赴黄陂四黄中学的中外文化交流，曾登上央视的武大乌克兰籍明星学生李娜和现任湖北省曲艺家协会主席陆鸣联袂主持了"心手相牵·青春无界"文艺汇演，一时传为佳话。

2017 年赴黄冈浠水的公益行至今令人记忆犹新。那年的志愿者国别数应该是创下历年之最，孟加拉、巴基斯坦、马来西亚、德国、俄罗斯、美国和中国的三十余位志愿者在经过了一个月的筹划准备后，终于来到了浠水县白莲中学。学校门头不大，进门主干道左侧是教职工宿舍和食堂区，右侧是一个大操场。教学楼区依地势而建，须在操场的尽头拾阶而上。长途跋涉的疲惫在汽车临近校园的一刹那一扫而空，满眼全是孩子们期盼欢迎的纯真笑脸。

志愿活动以"游戏·旅行"为主题，分为文化展板、美食体验、户外游戏、文化交流课等几个板块。大家按照提前分工，各司其职，有条不紊，活动开展得和当天

2017 年黄冈浠水公益行中外志愿者和学生互动

的天气一样热火朝天。展板区为山区学校的师生们带来了世界各地风貌名胜、历史典故的介绍，北极光、天鹅堡凝聚了最多渴望的目光；美食区有别出心裁的法棍三明治，奶酪火腿搭配红酒牛奶；体育互动则是攒足了力气，两人三足，火线救援，大家手拉手肩并肩一起迈向终点。对很多孩子来说，可能那是他们第一次亲眼见到外国友人，第一次和他们面对面交流，第一次品尝我们带去的各国特色美食。

来自美国的阳光少年在校期间就一直是"社牛"代表，在金秋国际文化节上曾独挑大梁激情说唱，自然是要一展 rapper 风采。德国小伙帅气内敛，眼神深邃踌躇，瞬间吸引了一大批迷弟迷妹。俄罗斯高个子居然是个腼腆害羞的大男孩，一交流就会脸红低头，但在户外环节却格外卖力，带领所在班级一马当先斩获运动冠军。南亚师资班的学员们热情似火，汗流浃背地忙前忙后，仿佛一阵南亚季风吹拂过校园每个角落。文化交流课上，志愿者们邀请大家从感兴趣的特色游戏说开去，体验不同文化背景下的游戏趣味，并分享自己的旅行故事，使大家燃起了对诗和远方的向往，立志要去看看更广阔的美丽世界。

那几年印象最深的变化之一是志愿者们在讲解中都有条件展示他们精心准备的PPT，这并不容易。因为公益行活动几乎每年都会走访湖北省内不同的农村和山区，这让我们对各地区中小学教育的发展进程有了更为直观的感受。从最初的跋山涉水交通辗转，到后来的高速直达，从尘土漫天的"荒地"式操场，到干净规整的塑胶跑道，从破桌旧椅到"班班通"的现代化教具，还有一批又一批的资教生也将新的希望新的思维带到山间田边。教学硬件的进步，人才的引入，乡村教育取得的发展，是脱贫攻坚全面胜利的生动注脚。

白莲中学的校长温文尔雅，令人印象深刻。他身形偏高，文质彬彬，有着典型的文化人气质，业余喜欢挥毫泼墨。在职工宿舍，我们亲见其练笔留下的墨迹堆叠如山。虽然语言不通，但他依然非常热情地向外籍志愿者们介绍起小镇和学校的历史。在校长的建议下，我们临时举办了一场篮球友谊赛，由中学校队对阵志愿者联队。有意思的是，校长亲自披挂上阵，展现出上乘的战术水平。小球员们在校长的带领下更是气势如虹，敢打敢拼。志愿者联队因临时组队，默契不足，一度处于劣势，所幸在中国学生志愿者中有两位学院篮球队主力，中场上阵后稳住阵脚，最终双方

俄罗斯留学生志愿者带队参加拔河比赛

握手言和。因临近端午节，校长还高兴地邀请志愿者们一起包粽子，为大家讲解端午的典故历史和当地习俗。虽然粽子成品千奇百怪，但粽叶清香，情谊绵长，品尝起来依然让人满脸笑颜。

遗憾的是，那年之后，公益行活动因人员变动等多重原因未能再次起航，但这种活动模式却广为传播，一次次被改进、升华，留学生"感知中国"的活动形式也越来越多样化。2020 年起，习近平总书记先后 4 次给留学生复信，鼓励留学生读懂今日中国和中国共产党，到中国各地走走看看，为留学生全面深入了解中国拉开了新的舞台序幕。

求学篇

"读懂今天的中国，必须读懂中国共产党。你们提到中国共产党致力于发展经济、消除贫困，积极援助其他国家抗击新冠肺炎疫情。中国共产党做这些事情，是因为中国共产党是为中国人民谋幸福的政党，也是为促进人类进步事业而奋斗的政党。中国有句俗语：百闻不如一见。欢迎你们多到中国各地走走看看，更加深入地了解真实的中国，同时把你们的想法和体会介绍给更多的人，为促进各国人民民心相通发挥积极作用。"

——摘自《习近平给北京大学的留学生们的回信》

2022年，参加第五届感知中国——"智汇珞珈"博士论坛的留学生们参观杂交水稻国家重点实验室武汉大学鄂州实验基地。

贵其化不贵其不化

——从昆嵛到珞珈

讲述人：董锦程（Elliot O'Donnell）　来自英国伦敦，2016 年度武汉大学十大珞珈风云学子。2020 年在武汉大学新闻与传播学院单波教授的指导下完成硕士论文《一个概念的旅行：基于中西方"后真相"研究文献的比较分析》，在 CSSCI 刊物发表论文《否思"后真相"：基于李普曼舆论学视角》。2022 年至今在武汉大学哲学学院做中国哲学研究和比较哲学研究，师从吴根友教授。

作为一个西方人，我大概会不可避免地将东方复杂化和神秘化，这当然包括我对中国持有的预先认知。正是这样一个东方学的梦，让我以一个逃离者的姿态闯入一个未知的世界——这里是神龙与凤凰的起源，老子和庄子的故土，太极与气功的发祥地。这里的生活方式与我过去的生活方式如此不一样。它在吸引我的同时，也在更新我对现实世界的每一寸感知。

走进螳螂拳

十二年前，一句汉语也不会的我离开了伦敦，从泰晤士河畔前往一个山海相依的东方圣地学习中国传统武术。我在中国的头两年，是在最质朴的乡村里度过的。大山和森林成为了我的朋友，和我一起接受训练的伙伴们成为了我的家人，我的师父给了我一个伴随我一生的汉语名字——董锦程。

每个人都有一个身体。由于文化与思想的创造最终都可以回归到人皆有之的身体，身体似乎是一个可以被用来认知和理解不同文化思想传统的通用解码密钥。我童年的大部分课外时间，似乎都在为自己塑造出一个强健的身躯而努力。它只有一个目的，就是玩橄榄球。对于橄榄球这种运动来说，绝对的力量是取得胜利的先决条件，这与中国传统文化对身体的理解很不一样。在中国，阴阳哲学被编码到了很多运动中，比如螳螂拳。万事万物永恒变化之法则，在螳螂拳的套路中得以呈现。

我透过萨义德的镜片去看螳螂拳，它加强了我心中那个模糊的、深不可测的东方幻象。作为一种非竞技性运动，螳螂拳是一种生活方式。没有绝对的胜者或败者，其终极衡量标尺，是一个人的意识与身体在多大程度上得以结合。事实上，我们的身体总是遵循着心灵的路径，这让我意识到自己的思想及内在环境需要发生改变。

我对中国的整体理解，被昆嵛山那种萨贺芬式的轮廓塑造成形，它让我与中国之间建立起一种充满复杂感情的浪漫关系。回到伦敦度过了一段短暂时光之后，我决心从大学退学，重返遥远的东方追求一个更高层次的教育。

仁者乐山，智者乐水。这一次，我选择了另一个山水相依的地方，开始了我漫长的求学之路。

从语言到哲学

如果说昆嵛山是我人生的转折点，我在珞珈山的经历却是一个漫长的过程。时间毫不留情地掠走了我的花样年华，却让我对知识的追求变成了一种永恒的信仰。

我习惯凌晨四点起床读书，无论寒冬酷暑，这个习惯伴随了我整整十年。对我来说，学习汉语并没有那么困难。因为在语言上取得的快速进步，我在大三那年与中国媒体和娱乐行业有过一些亲密接触。这样的接触和交流虽有价值，却不是我想走的路。在一个追逐 10W+ 的流量时代，我更想在一种可持续性的生活方式中寻找意义。

本科毕业前，我去广州参加了一次朗诵比赛。直到比赛当天，我们才知道除了朗诵环节之外，还需要进行才艺表演。为了给武大争得荣誉，我在毫无准备的情况下，穿着西装和皮鞋表演了一段螳螂拳，随后从感知中国文化的具身视角进行了一段即兴演讲。

这并不是我发挥最好的一次演讲，但它引起了台下一位评委的兴趣。面对面的交流总是最好的，这位善良的老先生邀请我和他共进午餐。他使用的语言和概念完美地捕捉了我在昆嵛山对中国传统武术文化的感受和体验，在我心中播下了中国哲学的种子。若干年后回顾这场奇遇，我才知道那天和我娓娓而谈的竟是大名鼎鼎的成中英老先生。

当汉语变成了我文化身份的一部分后，我迫不及待地想从学术视角重新审视自己从现实中获取的知识和感受。幸运的是，引领我走入学术大门的是学界享有盛誉的单波教授。

与老师初遇，我还不知道学术为何物。幸蒙恩师言传身教，得以渐渐开悟，让我的学术之路不再是一个未知的梦想，而是有了一个踏实的起点。

老师一直鼓励我远离浮躁，静心读书。他开放包容的胸怀、谦逊豁达的态度以及为学为人的品质，一点点渗透到我的治学道路上。记得第一次和老师见面的时候，老师问我："你的学术野心是什么？"答曰："实现自我解放。"虽然现在的我远没有实现"自我解放"，但毫无疑问的是，老师赠予了我一把宝贵的钥匙，让我逐步打开桎梏心灵的一道道枷锁。

读书对我而言，不仅是为了求知，更是一种修行。老师对我的影响到底有多大呢？他让我义无反顾地去走他曾经走过的那条路——哲学。

两位汉学家

我逐渐开始了解一个真正的武汉大学。每一个夜晚都有那么多的讲座，到处都是求知若渴的学生。跨文化的思维在这里相遇、碰撞，却又宽容对待彼此，呈现出真正的和而不同。这三年，我再一次深深地爱上了武汉大学，且是日渐浓烈的爱。春日樱花雪月，夏日万木葱茏，秋日枫叶彤彤，冬日红梅傲雪。珞珈山下的各个园子，有灯光的地方就有书声朗朗，伴随着四季花香、夏蝉冬雪，对一个爱书之人来说，人间仙境也不过如此。

硕士第一年的圣诞节，我在伦敦的 Waterstones 书店里看到一本书 *Taking Back Philosophy: A Multicultural Manifesto*（《哲学上的拨乱反正：多元文化哲学宣言》）。这本书的作者是美国著名汉学家 Bryan Van Norden，他在这本书中对欧美学界的哲学民族中心主义进行了条理清楚的反驳。

读完这本书，我和我的邻居 Mirsky 先生进行了一次愉快的讨论。Mirsky 是改革开放之后最早一批来华访学的西方学者。他和我住在一个街区，这个街区还住过一位中国著名文人——老舍先生。年逾八旬的 Mirsky 已有许多年没有重返中国，他对我在中国的经历总是充满了兴趣。每次回到伦敦，Mirsky 都会请我吃饭，邀我去他家喝茶聊天。他的书房里塞满了与中国有关的各种书籍，这些书浓缩了他一生的学养和志趣，也让我意识到，我目前在中国的一切经历，终将有其意义。

五个月后，我将 Van Norden 教授请到了单老师的读书会上。这位令人敬重的汉学家以其谦和朴实的长者之风和长者之德深深感染着我。他非常相信哲学就是对话，这里的对话是双方真诚的阐释和具有建设性的回应；其目的有两个，一个是寻找真理，一个是个人修行。这次读书会之于我，是一个具有特殊意义的起点——作为对话者，我第一次在中国和西方学界之间起到了一个桥梁的作用。

对　话

疫情暴发的那个冬天给了我难得的闭关修行机会，我在那段时间发表了人生的第一篇 C 刊。

其后，珞珈山向我发出召唤。我在半山庐的文明对话高等研究院度过了一年时光。这是一段平静而诗意的居住，珞珈山的这个角落远离了樱花的招摇，也远离了世俗的喧嚣。走出小小的办公室，走廊的尽头有一个天台，守楼的阿姨在那里种了很多花花草草。那一年的天台经常咖啡飘香，坐在石凳上背诵《道德经》，成为了我的中国哲学入门。

从本科到博士，我一直感受着武汉大学浓厚的跨学科研究氛围。无论是跨学科还是跨文明，始终落脚于对话。

和我遇到的其他所有老师不一样的是，吴根友教授从未将我视为一个外国人。他一方面给了我最自由的学术氛围，一方面对我提出了最严厉的研学要求。这一年也是我学术汉语突飞猛进的一年。作为文明对话高研院的科研助理，我协助吴根友教授组织了很多讲座，做了很多学术口译，也用汉语写了很多新闻稿。这份工作让我有机会接触到一些中外著名学者，印象深刻的学术活动如复旦大学白彤东教授、山东大学贝淡宁（Daniel A. Bell）教授与吴根友教授的全球文明视野下的政治模式三人谈，中山大学梅谦立（Thierry Meynard）教授的晚明清初中西哲学汇通的三种尝试，程虹教授的文明与质量跨学科对话，张昌平教授的三星堆与中国上古文明记忆学术访谈，"一带一路"视域下的文明对话研讨会、百年未有之大变局与中华传统文明的转换与发展学术研讨会，等等。

学术之路是孤独的，但我的研学之路并不孤独。武汉大学文理学部山多路曲，我在珞珈山的林间小道上留下了一路深深浅浅的脚印。

万有引力

从 2013 年到 2023 年，我从青葱年少走到了而立之年。这是我一生中最美的年华。不乏波澜，却收获颇丰。

十年间，我用脚步丈量了中国的大好河山，感受了绵延千年的历史遗产。我穿行过独库公路，跨越过河西走廊，环绕过塔克拉玛干，造访过青藏高原；曾在色达佛学院看天葬，在五台山徒步登台，在喀什古城漫步，在中国四大石窟朝圣。无论是北上内蒙古高原，西至可可西里，还是南下胥家港湾，就算被带到天涯海角，宇宙的边缘，最后我都会回到珞珈山。

珞珈山是我的起点，我的灯塔，我的第二个家乡，我的万有引力。这座山不及昆仑巍峨壮观，不及峨眉旖旎秀丽，但她见证了我的青春，我的梦想。珞珈于我，是深深的执念——是我的过去，我的现在，也寄托着我对未来的期望。

求学 · 从医 · 回馈

讲述人：萨尔波塔姆·什雷斯塔　来自尼泊尔，1995 年毕业于武汉大学医学院。先后担任中尼友好组织尼泊尔阿尼哥协会主席、副主席，以医生身份积极推动中尼文化交流，推进"一带一路"建设。同时也是一位翻译家，是 1986 版《西游记》尼泊尔语版译者，此外还翻译了多部中文纪录片和文学作品，撰写了二十多篇介绍中国文化的文章，发表在尼泊尔不同报刊。

1987 年秋，我在北京语言学院完成了一年的汉语进修课程，便坐火车去了武汉。我将在那里学习临床医学专业。到了武昌火车站，我意识到，我人生的一个重要阶段就要开始了。时任湖北医学院留学生科科长的章光彬老师带着张志强老师到武昌火车站迎接我们。原来，乘坐同一趟火车来武汉读书的还有其他国家的留学生，只是之前我们相互不认识。

学生们到齐后，章老师就在火车站开始点名。外国人的名字一般都很长，我的全名也很长，姓和名字加起来有九个汉字，相当于三四个中国人的名字。我到现在还记得很清楚，章老师把我的名字的九个汉字准确无误地叫了出来，他还把我父母的职业都说得很准确，章老师一定非常认真地做了功课。

那时候，整个中国的外国留学生都不太多，武汉的更少。当年武汉市所有大学外国留学生全部加起来可能不到一百个，在湖北医学院的外国留学生，包括我们八七级的，总共就二十个。

我们到学校后的那几天，医学院院长等领导接见了我们。不久，留学生科来了一位名叫周富生的新老师。他比章老师和张志强老师都年轻许多，章老师就像我们的长辈，而周老师像我们的兄长。周老师的出现使留学生科的氛围比以前更活跃了，包括留学生的私事在内的所有事情，他都很热心帮忙，而表扬和保护我们留学生是他一贯的作风。

我们虽然在北京语言学院学了一年的汉语，而且在那里的学习成绩很不错，自我感觉也良好，但来到湖北医学院，开始跟中国学生一起上课后才发现，自己还没有过语言关。虽然班里的中国同学们很热心，都很愿意帮我们，也确实帮了很大的忙，但同学们的时间和精力毕竟有限，他们自己也要学习。

了解到外国留学生面临的语言困难，留学生科给大家安排了汉语辅导课，这才从根本上解决了我们的问题。留学生科准备为我们开办两年的汉语辅导课，但到了第二年级的下学期，我们大多数都觉得语言已经不是大问题了，请求停止了汉语辅导课。

留学生科的老师们都特别关心我们的学习，除了给我们安排汉语辅导课，还跟许多教研室的老师打了招呼，请他们给我们准备一些容易看懂的笔记，或每次上完课留几分钟的时间给留学生讲一下当堂课的重点，或跟我们交流一下确认我们都听明白了。这种做法对我们非常有效。

在留学生科的请求下，人体解剖学教研室的张友云老师专门为我们编出一本近百页的人体解剖学重点笔记。中国同学们见到张友云老师为我们编的笔记后都非常羡慕，因为借助这本笔记书，本来很难学的人体解剖学变得容易许多。

病理学教研室的舒清波教授是一位非常关心外国留学生的老师。每次上实验课他都关注着每个留学生的状况。他要求我们上实验课的时候不要换位置，每次都坐在同一个位置上。开始我们不明白，他说："我是搞病理形态学的人，位置或定位对我来讲是最重要的。"原来他不是用名字记下我们，而是用我们的位置来记的，而且他的这种记忆很可靠。原本不太在意考试成绩的我，竟在舒老师的驱动下学得格外刻苦，他教授的病理学课，我考出了全班数一数二的好成绩。

中南医院（当时叫湖北医科大学附属第二医院）普通外科的史海安教授也是一位特别关心外国留学生的老师。只要他在病房或科室，都会主动过来跟我们留学生谈论外科学的问题，总会教我们一些新的内容。虽然他的提问式的交流经常让我们感到紧张，但我们还是很喜欢听他讲，因为他在这个时候讲的内容尤其珍贵。

一次我正在普外科实习的时候，史教授跟科室的其他几位教授讲："我想让他（指我）考我的研究生，你们觉得怎么样？"一位教授立即回答说："不行，他当不了外科医生，他动作太慢了。他呀，适合当内科或儿科医生。"史教授当时没有说什么，但他并没有因为其他教授的否定而改变想法。两年后，我的尼泊尔同胞在普外科实习的时候，史教授跟他谈起此事，遗憾地说："我很想让他考我的研究生，但他却考了神经内科。"我们研究生毕业典礼上讲话的时候，史教授又提了此事，典礼结束后我的研究生导师余绍祖教授跟史教授讲："感谢史教授，您割爱把塔姆让给了我！"

轮到骨外科实习了。骨外科的很多老师给我们讲过大课，但之前没有机会与老师们有更多的接触。在骨科实习的时候，就有了这样的机会。当时中南医院骨科学领域的显微外科做得比较出名，陈振光教授是杰出代表，他设计了显微外科的一些新型手术。我对这些新鲜事物非常感兴趣。有一次，马上要进行一台新型手术，我问带课老师，可否上手术台观看。老师说手术时间很长，不要求本科实习生参加，如果真的想去观看当然没有问题。就这样，我也穿上手术衣，近距离地观看了几台显微外科手术。那些都是新型手术，全世界才做过几例，每次手术期间都有人来照相。

几天后我在校园碰到陈振光老师，他还专门问我是否拿到了手术台上的照片。陈教授竟然还注意到了我，我感到很惊讶。第二天，我问带我的老师："那几次手术，陈教授怎么会注意到我？"带我的老师是陈教授的研究生，他说："显微外科手术耗时很长，我们是陈教授的研究生，可我们都怕，你一个本科实习生，在手术台旁边一坐就是四五个小时，一动不动，看得那么认真，所以陈教授注意到了你，还问你的情况呢。"当时我想，动作慢又没有魄力的我，如果想搞外科的话，也许显微外科是一个选择吧，因为显微外科要求医生的动作特别精细、轻柔。

康复科是我比较喜欢的另外一个科室，我喜欢康复科的一个原因是我对针灸学的兴趣。针灸学在中国归于康复科。实习的时候我选康复科就是为了多学点针灸学。在康复科实习期间，我开始对中国传统医学的另外一个瑰宝——按摩学产生了兴趣。当时医院康复科针灸室和按摩室两科室挨着，在针灸室实习的时候我会偶尔进到按摩室看看。徒手按压也能治病？刚开始我并不相信，当我开始随访一些病人，得到他们的肯定后，我决定减少在针灸室的实习时间，到按摩室去实习一段时间。

一个外国留学生对按摩学产生兴趣，并到按摩室去实习，当时按摩室的主任医师田辅友老师特别高兴，特别重视对我的培养。他常说："很多中国人都认为按摩只是放松身体的，不是治病的，但我可以告诉你，按摩能够解决许多问题！"他希望我在那里的时候好好学习，离开中国后就没机会了，因为其他国家没有中国按摩学。为教我按摩学，田辅友老师还好几次叫我到他家里，单独给我教授一些知识和手法。

田辅友老师的中国传统文化知识非常丰富。一次他讲到按摩的"滚法"手法的时候说，这是滚水的滚，如果想体会水是怎么滚动的，你可以到长江边上去看看。长江离学校不远，我到江边去认真观察了好几回江水的滚动，体会到了水的滚法。没过多久，我在人民卫生出版社出版的教材《推拿学》上看到提手旁的"㨰法"。田老师那么强调是"滚水"的"滚"，书上怎么是提手旁的"㨰"呢？有一天我就问了田老师，他笑着说，一个外国人还发现了这样的问题，但他坚持说，传统上还是"滚水"的"滚"字，提手旁的"㨰"字是近来才创造出来的，不符合中国传统文化。

1992 年，我本科毕业后考上了人民医院神经病学专业的硕士研究生。我的第一导师是余绍祖教授，具体带我们的第二导师是李承晏教授。到了研究生阶段，很多情况都变了，我就不用转很多科室了，绝大部分时间都在自己的科室和实验室，每天打交道的人也是一样的，这样不久自己也变成了科室的一员。

在医学院、中南医院和人民医院，喜欢我们、关心我们这些外国留学生的老师和工作人员绝不止这么几位，还有几十甚至几百位，这里无法一一讲述。我们留学的那个年代，中国的开放程度还没有现在这么高，但我在武汉的那八年，从没有因为自己外国人的身份遇到过什么不愉快的事情。

在学校的八年，一直都不是那么轻松，大家知道医学专业要学的课目非常多，临床医学这个专业本来也不是容易读下来的。本科毕业后我读的神经病学的研究生是研究型的而不是临床型的，所以三年读研究生期间大部分时间都用于科学试验。本来没有临床经验的我，在研究生期间积累临床经验的机会也不多。研究生毕业典礼的时候，余绍祖教授送了我 14 本有关临床神经病学的中文和外文书籍，重得我都无法用双手托起。我把余教授的这个礼物理解成：三年的时间主要用于科学试验，临床经验还远远不够，回国后自己学习，自己摸索吧。

在校时忙于学习，毕业回国后才开始回头看自己的所学。在跟南亚各国毕业的医生朋友的交谈中发现，中国的科目比他们的多一倍。他们的本科课程像寄生虫学、病理生理学、核医学这样的课没有单独设为一个科目。中国很重视这些专业内容，所以把它们设为单独的科目来教授。与他们不同的另外一点是，其他国家的课程安

排是培养一位单纯的临床医生，他们并不重视科学思维的培养，而中国在培养临床思维和技能的同时，也重视科学思维的培养。

研究生时期这种特点更为突出。当时导师余绍祖教授特别嘱咐我一定要上"自然辩证法"这门课，因为他认为，在临床上有时候只应用医学思维和经验不够，还要应用哲学思维，"自然辩证法"这门课程对培养哲学思维帮助很大。在临床医学科学和自然哲学思维问题上，中国毕业的医生与其他国家毕业的医生相比有明显优势。有时我想，我毕业回国初期的那几年，在没有进入国家医院、医学院或其他大医院工作的情况下，还能在小诊所行医并能够生存下来的主要原因，就是这种医学科学思维和哲学思维的能力。

我在武汉读医学的另外一个特殊收获是中国传统医学知识，这一点我在上边也提到过。虽然我没有办法把中医药用于尼泊尔日常的行医工作中，但针灸和按摩我一直在用。针对一些神经系统疾病和多种疼痛症，按摩治疗仍然是我的首选治疗法。所以，每当我想起刚回国时那几年的逆境，我都相信，帮助我最终逆袭的另外一个原因，就是我把所学到的中国传统医学的知识成功地应用到了诊治病人的实践中。

在武汉读书期间，给我留下深刻印象的一条中医名言是：没有治不好的疾病，只有没本领的医生。我从这句名言中受到很大的鼓舞。虽然在医疗实践中存在绝症这样的事情，但它的范围一直在缩小。绝症范围的缩小也是医学发展的一个重要标志。回国开始行医后，我始终将这句名言铭刻在心，竭尽全力治病救人。在诊治病人时，将中国传统医学和其他医学知识相结合的想法和勇气也是从此开始的。我想，在我刚回国的那几年中，无论遇到怎样的困难我都咬牙坚持了下来，这其中的另外一个原因，就是我的这种信念吧。

从武汉大学毕业回国后，我时常想，是中国和武汉大学改变了我的人生，我应该如何报答中国和武汉大学？作为武汉大学培养的一个外国学生，我想到的报答方式有两个。一个是作为武汉大学培养的医生，我绝不能给我的母校丢脸。中国的医学领域的三个方面，临床、科研和教学一般是平行的。但我毕业回国后，因为多种原因放弃了科研和教学这两个方面，一心一意地只做临床工作。我在科研和教学方面没有任何成果，但我相信作为一个临床神经内科医生，我绝对没有给母校丢脸！

我认为报答中国的另外一个方式就是给我的国人"讲好中国故事"。我曾在中国学习生活九年，后来也经常去中国，所以我认为我有资格讲中国故事，也有义务和责任讲好中国故事。虽然在大学里正式学习的是医学，但我在武汉大学学习期间，正是中国改革开放如火如荼的时候，我目睹了那个令世人惊叹的日新月异的中国。

除了亲身的经历以外，在章光彬老师的教导下，我对中国革命史和当代政治也有一些了解。我还记得到武汉的第二年，学校为我们留学生安排了一次长途旅行。到海南通什市（现在已经改名为五指山市）的晚上，其他同学都去跳舞了，只有我一个人在宾馆待着。带我们去的章光彬老师看见我一个人没有去跳舞，就过来问，我说我不喜欢跳舞。当时我看章老师也有空，就跟他讲："我想了解中国现代历史，中国同学们上的中国革命史那些课程我也很感兴趣，但没给我们留学生开这门课，您能给我解决这个问题吗？"章老师说："让你去跟中国同学们一起上政治课不太好办，要不我给你上中国现代史、革命史如何？"从那天起，章老师就开始给我讲中国现代史、革命史，时间不定，一般一个月一两次，没有固定的教材，不是正式上课的那种，而是想到哪里讲到哪里，或者我提问他回答。这种学习持续了五年，直到他退休。我毕业后从尼泊尔回武汉探望他的时候，他每次都会提前准备好给我的学习资料。如今网络发达，他每天还在通过微信给我转发一些值得了解的文章和新闻报道。

我认为自己有资格讲中国故事的另一个原因是，我对中国文化和文学有浓厚的兴趣，也有一定的研究。在这方面我的同学起到了非常重要的作用。我在武汉大学上学的时候，课间经常有同学主动过来跟我谈中国古代文学。他们会讲，已经学会中文的一个外国人，如果不去学唐诗宋词的话，那真的是一辈子的遗憾。我相信他们的话，虽然我当时没有办法系统地学习中国古代文学，但我开始收集中国文化和文学的书籍。在武汉读书八年，我收集的书籍有1000公斤，毕业时把那些书籍运回尼泊尔变成了一个大工程。那些书籍中，一半以上是有关中国文化和文学的书籍。

回国后的十多年我忙于为自己的生存打基础，从2012年开始我为讲好中国的故事投入了不少时间和精力，在自己能力所及的范围内做中文的翻译，围绕中国问题、中国文化、中国文学进行写作。在校期间对中国古代文化和文学产生的兴趣现在终于可以发挥作用了。

《人民日报》的一位中国记者曾经报道过我的情况，主要介绍我利用中国传统医学的一些治疗方法治好了不少病人，获得了尼泊尔人民的好评。这篇报道赞扬我将中国传统医学推广到尼泊尔主流医学界，推广了中国文化。实际上，这也是我用自己的方式在讲中国故事，回馈武汉大学对我的培育之恩。

老师，我忘不了您

讲述人：大上忠幸　来自日本，先后于 1990 年和 1993 年两次来武汉大学学习进修。曾在日本的小学和相关机构从事日语教育工作，在大东文化大学、东京福祉大学等院校担任副教授。现任创价大学、十文字学园女子大学等学校的特别讲师。

　　武汉就是我的第二故乡，因为我曾两次来到武汉大学留学。第一次留学的时间不长，我参加的是只有一个月的短期班，第二次是为期一年的长期班。刘海芳老师是我短期班的班主任，朱德君老师是我长期班的班主任。从这两位老师的身上我学到了两点：第一当然就是中文，而另外一点则是作为一位真正的教育者该有的态度。这两点，一直支持着我走入社会并坚持从事教育事业，我终生难忘！

　　来到武汉前，我只学了四个月中文，听力和口语都不太好。为了增强我学好中文的信心，刘海芳老师跟我说话时，总会特意选择一些符合我水平的简单词汇。上课时，刘老师也经常提一些比较容易回答的问题，让我回答。而我回答问题时，常常手舞足蹈地比划，还夹杂着很多拟声词和拟态词。每一次，刘老师都十分耐心地听着，努力理解我要表达的意思。

　　刘海芳老师还担任了我第二次留学期间的个人指导。有一天，刘老师在上课之前来到了我们宿舍楼，好像是要找住在我隔壁的一个学生。老师在他门口敲了好一阵子门，但是一直没有回应。我问老师有什么事，老师说因为那个学生已经缺了很长时间的课了，所以想过来跟他好好聊一聊，鼓励他回去上课，而且想给他补上他落下的课程。刘老师能够为学生做到如此地步，让我十分感动。

　　朱德君老师也是一位十分关心学生的好老师。朱老师担任我会话课的老师，每次会话课结束的时候，我的会话课才真正开始。这个针对我的特别的会话课，我感觉时间比大学课程要长很多。不仅如此，为了满足学生想要学习的意愿，就连周六休息日朱老师也会来学校给我们补习 HSK 的应试指导课。有时，朱老师还会邀请学生去她家吃饭，陪学生聊天。

与刘海芳老师的相遇，最终让我立志成为一名外语老师。与朱德君老师的相遇，则让我明白了对于一名老师而言最重要的是什么。正是因为两位恩师，我成为了一名外语老师并考取了研究生，做着与她们一样的工作。

留学结束后，我也多次回到我的第二故乡——武汉，看望两位老师，继续接受老师的教诲。每次她们脸上都带着和我留学时一样的微笑，与我闲话家常。每次聊到我想要成为外语老师的梦想时，她们都开心地聆听我的想法，并为我加油鼓劲。正是因为两位老师的鼓励，虽然花了很长的时间，但我最终还是在语言教育研究领域中取得了教育学博士学位。现在，我和两位恩师一样，活跃在教育的第一线，从事着教赴日留学生日语，教日本人中文的工作。两位恩师也为我感到高兴。

我的妻子也有在中国任教的经历，她去过中国两次，前后待了两年。我们育有两个小孩，大的 9 岁，小的 6 岁。我俩都希望我们的孩子能说中日两国语言，所以在他们很小的时候，我们就将中国的图书用中、日两国语言读给孩子们听。现在他们俩都爱中国，都爱武汉。

我常常教育孩子，在武汉人面前，一定要说"wo si erbenren！"这是我留学时学过的句子。当时的武汉，外国人还不是太多。每次遇到我，人们都会问："你是哪个国家的？"我常常一边带着笑脸，一边用手比划出"二"的手势，模仿武汉人的口音，活力满满地回答说"wo si erbenren！"可能写成中文就是"我是二本人"。每当我这么回答，当地人就会哄堂大笑起来，然后对着我竖起大拇指，甚至会感叹一句："你的武汉话不错！"

受武汉方言的影响，有些武汉人即使在说普通话时也可能把日本读作"erben"，和"二本"的发音近似。巧合的是，在日语中，"日本"和"二本"的发音真的是一样的，"日本人"日语念 ni hon jin，"二本人"日语也念 ni hon jin。有人说，这么叫是因为日本曾经侵略过中国，把"日本"读作"二本"少不了带有一些憎恶的意味。但无论如何，我都愿意在面对武汉人的时候称自己为"二本人"。

在日本工作的时候，我常常会想起在武汉大学学习的情景，想起我的中国恩师，想起朱老师，还有已经离开我们的刘老师，我永远不会忘记她们。我一定将和两位老师一起，在这条教育的道路上，带着代表和平和胜利的 V 字（跟"二本人"的"二"一样）手势，带着笑脸，努力培育人才，绝不辜负她们！

成长于珞珈

——我和我珈相处之情

讲述人：西苏雷（SISOULAD LADSASISINE MR）　来自老挝，1994 年 9 月至 2008 年 2 月在武汉大学学习汉语，攻读行政管理专业，先后获得本、硕、博学位。目前任职于老挝国家计划与投资部老挝与中国经济技术贸易合作委员会，并担任该委员会办公厅副主任（副司级别）。

1994 年 9 月 1 日，我乘坐老挝航空公司的飞机跨境踏上了中华人民共和国的土地，第一站是云南省昆明市。在云南停留 7 天后，又乘坐绿皮火车前往湖北省武汉市武汉大学。三十多个小时之后，火车顺利到达武汉市武昌火车站，随后我乘车前往目的地——武汉大学枫园留学生宿舍 9 栋。

大约早晨 7 时，当我进入武大校门之后，第一个感觉就是我又长大了一岁。目光所及，到处是绿树、青草、鲜花，置身其中，心情自然万分愉悦。那一刻，我感受到了珞珈山之所以名满天下的魅力。当然，校园的环境固然是生活学习中的重要因素，但更重要的是因为有最温暖的、我热爱的诸位老师们的关怀和培育，才有我今天的成绩。

在珞珈山求学的岁月里，我自己坚持不懈地努力学习自不待言，最宝贵的是老师们指给我的方向，教给我的知识，他们给了我前进的信心和动力，也给了我最大的帮助。众所周知，汉语是世界上最难掌握的语言之一，尤其是用汉字进行书写。但我很幸运，能够有机会在学术底蕴深厚的珞珈山，在美丽的樱花城堡中学会读、听、写、说中文，这是我人生中浓墨重彩的一笔。

我还记得预科阶段学汉语时，武汉大学的外国留学生一共只有 70 人左右，来自三十多个国家。我们都住在枫园 9 栋和 10 栋，这两栋楼是专门的留学生宿舍楼。汉语教学楼离我们宿舍很近，走路过去要不了两分钟。上课的第一天，我只会说有限的几个中文词语，像"你好""再见""对不起""我爱你"这些。经过三个月的学习，我不知不觉就会说汉语了。从那时候起，我和其他留学生就直接用汉语沟通和交流了。再后来，我跑到校外的店铺去买东西时，也能用中文和老板聊上几句了。

我专门学习中文的时间只有短短一年。当成为 1995 级本科生后，我知道自己的中文水平对于专业课程的学习而言还差得很远，如果不加倍努力学习，很可能毕不了业。为了自己的未来发展，也为了实现父母的心愿，我一刻也没有放松学习，始终刻苦拼搏。1999 年 6 月，我终于获得了行政管理专业学士学位。

2000 年 9 月，我再次返校，继续攻读行政管理专业硕士学位。这时候，在武大学习的外国留学生已增加到 200 多人，分别来自 90 多个国家。2001 年我被选为武汉大学留学生教育学院学生会主席。从此，我不只专注于自己的学业，还积极协助留学生院相关部门为留学生的学习和生活提供服务。我常常帮助各国留学生反映问题、解答难题，组织留学生参加校庆和学生运动会等活动。经过 3 年的不懈努力，我于 2003 年 7 月顺利获得行政管理专业硕士学位，并继续攻读该专业博士学位。那年，武大的留学生人数超过了 350 人，来自 120 多个国家。2008 年 1 月底，经过多年的努力拼搏，在我的博士生导师李和中教授无微不至的关怀下，我终于获得了博士学位。2008 年 2 月初，我依依不舍地离开了武大，返回了我的国家。

如今，凭着自己在武汉大学这么多年积累的知识、拓展的眼界、练就的本领，我正满怀信心地为我的国家贡献自己的力量，也相信自己的前途不可限量！"从无到有，不忘初心！"只要不懈努力，我们一定会走向成功。

大学课程专业性强，要学好学精，光靠看书是远远不够的，学生所取得的每一点进步都离不开老师们的教导。所以，作为曾经的老挝在华留学生，我要向武汉大学，向诸位老师表示崇高的敬意！也祝各位老师和曾经在华留学的武大同学们身体健康、万事如意！

我只想跟武大说：感谢您！

讲述人：黄明鸿　来自越南，现为越南河内外贸大学中文系汉语教师。在武汉大学留学期间，先后获得汉语言专业本科学位、对外汉语教学专业硕士学位。2008—2009 年获得湖北省外国学生奖学金；在武汉大学文学院首届形象设计风采大赛中，荣获二等奖；在武汉大学第二届中外学生羽毛球比赛中获第二名。

我在越南选学汉语的时候，英语是不可替代的一种外语。而当我坐 32 个小时的火车到武汉大学读书的时候，我的很多朋友都坐飞机去英国、美国、德国等国家留学。我和朋友之间常用雅虎聊天，他们问我："后悔吗？"我干脆地回答："一点也不后悔！"

我从小就对汉语感兴趣

我从小就对汉语感兴趣。我来自"中文世家"，爷爷和爸爸都特别懂中文，所以跟别人不同。一出生爷爷就给我取了一个中文名字，黄明鸿。鸿雁的鸿，希望我以后能飞得很高很远。我小时候越南电视台常播放中国的电视剧，比如《西游记》《红楼梦》《三国演义》《宰相刘罗锅》，等等，我很喜欢看这些电视剧，后来不知道从何时起就不知不觉迷上了中国文化。在我的家庭，为我遮风挡雨的父亲会五种语言，他建议我除了英文以外，也可以去了解了解汉语。汉字作为中国文化的基本载体，几千年来承载着中华民族的精神追求和文化信仰，传承着中国人的文化品格和价值观念。长大后，我听从了父亲的话，选学了汉语。我决定抓住去武大学习的机会，进一步了解我感兴趣的知识。

到武大才明白：自己想成为什么样的人？

大学的时光是一生中最宝贵且不可复制的青春。武汉大学给予我很多成长，让我拥有前所未有的充裕时间去思考我的人生。当我还是本科生的时候，我对自己的梦想很模糊，我不知道以后想成为怎么样的人，也不知道将来要做什么工作。

我在武大遇到第一个天使是李玲老师，她是我的班主任。李玲老师很关心我们，我们班同学都可以向李玲老师倾诉，她像一个天使一样，会努力帮助我们。我们每个人的性格老师都很清楚，老师的细心、老师的热情让我们永远不会忘记。在老师的帮助下，我们班的同学很团结，互相帮助，互相学习。从李玲老师身上我学到一个道理：你希望别人怎么对待你，你就应该怎么去对待别人。

第二个天使是张杰老师（欧阳祯人），我们每个星期都期待张老师的中国文化课。课堂上老师带我们去逛唐朝的长安，给我们表演民歌，仿佛让我们回到唐朝，我们班的同学都觉得老师是一个富有才华的艺人。从张老师那里我学到一个道理：只要你感兴趣，就不要拒绝去研究它！

第三个天使是罗庆老师，她是我本科的论文导师。但是，对我来说，罗庆老师更像一个大姐姐。我还记得那天下很大的雨，我约了罗老师在教室见面，她会帮我改论文草稿。虽然我来了，可是心中还在想："罗老师会来吗？"从她住的地方到教室要走半个小时的路，我怕老师不能来。可是她还是来了！而且来得很准时。但是我很紧张，直到听见罗庆老师对我说："明鸿，别慌！有什么事你慢慢说！"我才慢慢平静下来。

读本科的时候，我觉得自己真的很幸运，遇到了这么多好老师。除了上面的三位天使以外，还有很多老师我想向他们表示感谢：高凯老师、潘泰老师、陈静老师、车英老师……还有在办公室工作的吴老师、冯老师、莫老师、刘老师，等等。我想，正是因为受到他们的影响，我才树立了以后也要当老师的理想。我要跟他们一样，好好对待别人，成为别人眼中的天使。

大学毕业，我读研究生，实现自己的梦想：当老师

读研究生的两年时光是我永远忘不了的。读本科时，我的同学都是留学生，可是读研究生时，我们留学生跟中国学生一起学习。那时候，我的导师是翟汛老师，虽然他身兼副院长之职，工作繁忙，可仍不忘在百忙中抽出时间指导我的毕业论文。

我读研究生时的老师也很热情，程乐乐老师、冯学峰老师、唐为群老师，等等，他们给了我很多动力。无形中，老师们教会我以后要做怎样的老师，我要教会学生什么。那时我就想，我曾经是个幸福的学生，所以当我成为老师时，也会把这种幸福感传递给我的学生。

读研究生第二年的第二学期，我争取到一段时间回越南实习，实习的单位是河内外贸大学中文系。实习期间，学校的老师们对我非常关照，我从老师们的身上也学到了很多。那时我就决定，拿到硕士学位后，如果外贸大学招聘汉语教师的话，我要第一个去应聘！

2010 年参加毕业典礼时，我对武大的老师们说，以前每次下课我跟老师们说"再见"时，并没有特别的感觉，可是今天说出来，心里却很激动：我真的不知道什么时候才能跟老师们再见了。

离开武汉十三年以后，我以老师的身份又回到武汉大学

我一直都为武汉大学而自豪，我给学生讲课的时候常回忆在武大留学的时光：我们的武汉大学有中国最美的校园风景，我们的武汉大学有春天的樱花、夏天的骄阳、秋天的枫叶、冬天的雪花。

今年四月，武大的老师们来到了越南，把宝贵的来华留学的奖学金名额授予了我们外贸大学中文系的学生。我也因此有幸以带队老师的身份带着学生回到我的母校。到武汉的那天，在机场接我们的老师就是我以前的老师——罗庆老师，我激动得流下了眼泪。我知道，终有一天我们会重逢。

我的学生来到武汉大学，他们没想到武大这么大，这么美，老师这么热情，他们很好奇地问各种问题。我很高兴能解答他们的各种疑问，但更令我兴奋的是我内心深处的感受：我终于回家了！

十三年过去了，虽然武汉这座城市发展得很快，武大校园有很大变化，可是我相信有一样东西永远不会变：老师们对我的感情！我永远不会忘记老师们跟我说的这句话："明鸿，欢迎你回家，我们为你而自豪！"

我在武汉大学的天空下找到了自己的梦想，也在这里找到了我一辈子的幸福——我的老公也是我的武大同学。

如果有人问我想跟武大说什么，我最想跟武大说：谢谢您！

小事余香

讲述人：阮玄眉　来自越南，2005 年在武汉大学学习汉语。

武汉大学多美丽，走到哪里别忘记……

——摘自武汉大学《留学生之歌》

2005 年 9 月，我来到了中国被称为"四大火炉"之一的武汉。在"火炉"待那么久，让我感到"热气腾腾"的趣事儿相当多。其中，留给我印象最深刻的是发生在大一的一件事儿。

当时，我在武大学习还不到 3 个月，认识的字不多，会讲的话极少。有一天，我跟学姐们一起坐校车到大门口，接着一起逛了会儿街。到要回宿舍的时候，我们在正门分开，因为她们还有急事要办，加上我也正想练练口语，于是，我就从容自在地往车站走去，心想："能有什么呢？不就是找辆校车吗？"没想到，到了车站时，我才发现居然有几辆车并列排着。哪一辆车才能带我回家呢？

都怪我平时总是心不在焉，常常依赖学姐们，所以连宿舍在哪儿都不知道。望着车身上写的汉字，只看得懂"枫园"的"园"、"湖滨"的"湖"、工学部的"学"。想了半天，觉得有"学"的那个地方应该跟学生有关，再问师傅："到宿舍吗？"他说："到。"于是就坐上了。可走了一段路，觉得两边儿的风景不太对劲儿，我就问了旁边儿的人："这个到宿舍吗？"一位美女听了以后也许发现了我不是中国人，就说："这辆车不到留学生宿舍，只到中国学生的宿舍。"啊，那可怎么办？我开始着急起来了。

她看我一副可怜兮兮的样子，就说："别担心，先下车，我带你去。"听了她的话，我觉得格外感动，她根本不认识我，还对我这么好。最后，她真的把我送到了留学生宿舍门口。当我向她表示感谢并问她的联系方式时，她只说了一句："不用客气！"然后转身就走了。

后来，我还遇到了很多帮助过我的中国人，他们都跟当年的那位美女一样，喜欢助人为乐，而且从不需要任何回报。因为他们，我才真正体会到"赠人玫瑰，手有余香"的精神。因为他们，我才更渴望把汉语学好，以后让中文及中国文化在世界各地发扬光大。

中国十三年

——我的思想与经验之旅

讲述人：西萨古尔·汉斯　来自毛里求斯，于 2004 年来到武汉大学学习语言，并先后于经济与管理学院、政治与公共管理学院攻读本科和硕士学位。曾在中国驻毛里求斯大使馆担任政治事务助理，并在毛里求斯海洋经济、海洋资源、渔业和航运部任职公务员。现任毛里求斯共和国驻华大使馆经济商务参赞、毛里求斯经济发展局上海代表处首席代表。

　　2003 年，当我启航前往中国时，还是一个十几岁的孩子，我已做好准备随时迎接任何挑战。我想，出现在我视野中的会是一个广袤的新天地，也会是一个独具文化魅力和异域风情的东方大国。回首往事，一切似乎都开始得如此理所当然，然而，如今我越是思索，就越发坚定地意识到，踏进武汉大学，从此开启我充满美好与期待的家庭和学术之路，它并非人生的意外之旅。更幸运的是，在从武汉大学开始的这段中国经历中，我收获的不仅是一个成长的摇篮，更是一段终生学习的认知之路、一段人生梦想的拼搏之路。我想，如果有一天，我对子孙后代深情回忆，我会自豪地告诉他们：我是武大人，更是武汉大学培养出的一名优秀、成熟、受人尊敬的中非友谊促进者。

　　还记得，我第一次降落在武汉是 2003 年 11 月 24 日，当飞机在湖泊和绿地上滑翔时，我能感觉到一场全新的冒险即将展开。通过这场"冒险"，我感受到了发展日益快速、充满活力的武汉，更感受到了长江的魅力以及武汉作为中国中部中心城市的强大发展潜力,可以说,在武汉的学习生涯中,我也是武汉发展的参与者和见证者。

在武汉大学学习汉语的第一年,除了学到许多生存技能、许多与个人发展和成长的知识外,我也对中国文化有了更深刻的理解。直到今天,我仍然记得我的汉语老师是多么耐心和敬业,努力帮助我们理解语言背后的故事,点燃我们心中对跨文化交流的热情。他们经常带我们外出参观体验,让国际学生参与到实际的生活中,比如他们将课堂搬到菜市场、商店,让我们学会用中文讨价还价,这让我们觉得,自己就是未来武汉的一分子。

在武汉大学的成长岁月改变了我的思维方式,并在我心中产生了一种强烈的热情,那就是了解文化多样性和语言交流的动态特性。因为武汉大学,我不仅越来越熟悉当地人,而且对了解世界各地的文化也产生了极大的兴趣。武汉著名的热干面成为我最喜欢的美食之一,"来一碗热干面"成为我每日开始上课前的惯例。2005年,我开始正式攻读国际贸易和经济专业本科,随着语言和专业能力的快速提升,到2009年毕业时,我已经可以在市场上与当地供应商流利谈判,对中国的贸易和经济发展开始有了独立的认识。

事实上,我的专业不仅让我对中国的商业运作方式有了全面的了解,还让我认识到,为了建立成功的贸易合作关系,我们不仅需要资源和敏锐的商业头脑,而且还需要建立良好的人际关系以及培育信任——对商业伙伴的信任,最重要的是对各方的诚信,以实现共赢,这也是中国文化魅力的一部分。

在学习期间,经济管理学院老师们的专业精神鼓舞了我,他们不遗余力地激励我们更多地探索新的知识和新的领域,武汉大学国际教育学院也在协助国际学生方面发挥了关键作用。让我难忘的是,我在2005年参与组织第一届国际文化节及组织2006年至2010年的国际文化节,以此努力地发现和表达武汉大学的文化多样性,展示国际学生的独特风采。现在这个文化节已进入第17届,在武汉大学甚至武汉每年都是广受欢迎的校园活动。

文化节上,国际学生在各自的舞台上展示他们的国家,在那里,他们准备和分享他们当地具有代表性的食物和文化物件,他们身着传统服饰,很多的手工艺品和纪念品都是亲手现场制作,富有异域风情。一次文化节不亚于一个博览会,每个人都在味蕾爆炸和各国传统音乐的震撼中环游世界。这整整两天的庆祝活动会以一场晚会结束,每个参赛国家都将在舞台上进行传统表演。简言之,武汉大学在促进本地和国际学生的多样性和文化交流方面达到了顶峰，甚至其他学校的学生也纷纷报名参加并体验这一国际盛会。

此外，每年还有一段时间——通常是在春季——你会注意到学校安全岗的常规配置突然发生了变化。门口会有很多的警察和保安，每天的班车频率会增加，校园里会挤满来自各地的人，无论是东、西、南、北，甚至有来自国外的人。这时，你就知道著名的樱花季节开始了。在此期间，武汉大学将被打造成一个世外天堂，在那里，你可以看到樱花树下，校园被渲染成粉红色和紫色。很多人会捏着花朵摆姿势拍照，尤其是在老图书馆和新闻学院所在的区域。有些人只是四处闲逛，让山、树、花和武汉大学古老建筑结合的美景尽收眼底，给人一种舒缓、充满正能量和积极振奋的感觉，足够为本学年余下的时间充电。

作为中国政府奖学金获得者，我在老师们的辛勤指导下，于2009年至2012年攻读国际关系硕士学位，他们一直鼓励着我继续学习，努力实现我的目标。那三年是我人生的转折点，我感受到了整个武汉大学大家庭的温暖。我学到了道德支持、耐心和鼓励是如何引导一个人克服一生中可能遇到的任何障碍的，认识到其重要性。2010年，我有幸在上海的欧盟商会实习。我在实践经验方面因此成熟了很多，并有机会运用我在武汉大学获得的知识和见识。

2011年，当我结束实习回到武汉时，我感到非常有成就感，意识到我学到了很多，为我的论文收集了很多素材，我因此顺利完善和改进了我的第一个研究提案。在这样的热情下，我决定和一群武汉的国际朋友一起开一个餐厅，它成为我创业的第一步。这个决定是基于我对国际学生的日常生活需求仔细规划和评估之后做出的。事实上，在国际学生群体中，关于他们能吃什么是一个非常引人注目的问题。许多国际学生刚到武汉时不习惯当地的食物，这已经不是什么秘密了。人们总是想尝试其他东西，而不总是面条和炒饭，重要的是要满足他们的需求，并确保他们可以通过食物来缓解对家乡的思念，增进友谊和交流。这家餐厅非常受欢迎，因为他们可以在武汉找到不一样的国际美食，这也有助于使餐厅所在的武昌区成为国际学生最喜欢的高等教育目的地。

然而，就在同一年，我遭遇了一起非常可怕的事件。有一天，因为意外，我从将近12米的高空摔落下来，这真是一件不幸的事。我因此几处骨折，在恢复过程中我经历了一个非常艰难的阶段。我卧床近三个月，几乎不能自理。就在那时，我

意识到武汉大学于我不仅仅是一所普通的学术研究机构——那儿更像是一个家：我得到了同学和老师们的照顾，度过了人生中最为脆弱的一段时间。

直到今天，我仍然觉得那三个月可能是我一生中最黑暗的时期，如果当时没有朋友们的关照、支持和鼓励，我简直无法想象。无论他们来自哪个国家，无论他们学习的是哪个专业，无论是经济管理学院、政治与公共管理学院，还是医学院，他们总是在关注我，并不断发送支持和爱的信息。我的导师和国际学生办公室的老师也帮助我度过了这个糟糕的阶段，他们确保我能够在最有利的条件下快速康复，无论是在医院住宿还是在学校内的交通方面，都尽可能地为我提供便利。

尽管我不得不忍受种种磨难，但我还是勇敢地完成了研究生学习，这让我的家人和政治与公共管理学院的教授们感到骄傲。我还记得我论文答辩时，右手还贴着一块膏药，那时我明白了那句中国著名谚语的深度："走得多慢并不重要，重要的是，只要你朝着正确的方向前进，永远不要停顿。"

2012年，我在政治与公共管理学院开始攻读博士学位，在武汉大学开启了我人生的新篇章。在经历了濒死的体验后，我怀着新的愿望、对进一步知识的强烈渴望和比以往任何时候都更强烈的回归感，比以往任何时刻都更加坚定地决心通过完成博士学位来实现学术上的进步。在我学习期间，当我进行研究时，我与很多人接触，讨论他们国家在我们专业领域所经历的相关问题，分享信息，作为一个团队，努力提供可行的解决方案或战略，以解决我们国家正在经历的共同问题。分享想法和应用我们的知识将有助于彼此从不同的角度看待相似的问题，因此可以找到更好的解决问题的方法。

我们每周都会组织会议，来自特定国家的学生会选择一个讨论主题，概述原籍国在公共行政、经济和财政状况、治理以及不同类别人口面临的微观问题方面的实际情况。通常主持会议的学生小组在评估问题的重要性程度后，将共同对问题进行更深入的评估，来自其他有类似问题国家的学生将分享如何处理问题。

在全体成员的努力下，我们将评估可能解决方案的有效性，并努力就如何改善可持续发展目标方面的条件提出想法。我们通过评估为什么一个特定的解决方案在某些领域有效，以及为什么同一个解决方案在另一个人口统计领域不会产生预期的结果，获得了很多见解。这个集体由来自不同国家的学生代表组成，我们意识到，武汉大学这个大家庭正在逐步建立更大的东西，这可能会成为武汉大学学生之间的全球合作，这可能为激励来自世界各地的年轻领导人携手成为一个智囊团铺平道路，这将有助于改善他们国家人民的生活，并解决正在全球范围内增长的问题。在我十三年武汉学习与生活生涯的最后四年，它是我个人职业发展的决定性时期，同时也是一个回报武汉大学的机会：我觉得我们有必要创建一个适当的正式平台，将武汉大学的在校学生和校友联系起来，引发积极的互动，并最终发展成多边合作，武汉大学的毕业生可以携手解决全球问题。

这些思想交流和充满活力的论坛成为"武汉国际学生会"（WISU）的基石。2015年我们见证了它的成立。作为该协会的主要创始委员之一，我成为了这个非常有潜力的协会的副主席，与该学生会的其他同伴一起发起并参与了许多项目。我们不仅协助新进入的国际留学生更快地融入校园生活，还让武汉大学更多地走进国际留学的广阔视野。

在这个协会中，作为一个学生群体，我们的工作还包括建立新入校国际学生的安全感，让他们感到放心，即使他们远离自己的家。通过WISU，学生们可以很容易地与他们的同胞们建立联系，从而有效减少文化的不适应。由于对大多数学生来说，语言问题常常是沟通的障碍，让人们接触说同样母语的人将有助于新学生更好地适应学校生活。武汉大学还确保学生们不会遇到诸如不适应当地食物和习惯等困难。我仍然记得我当时所处的尴尬时刻：那是我第一次试图自己点东西吃，当时我到达武汉，只会说"你好"和"谢谢"，我不会其他任何一个中文词汇。

武汉大学还为国际学生提供了一个平台，让他们通过舞蹈、小品和各种表演来表达自己，从杂技到唱歌和演奏乐器，这些表演一般在学年末组织。此外我们还组织运动会，包括马拉松、足球和篮球比赛，使学生们的生活更丰富多彩。

如果校园里的任何学生有任何健康问题，比如有人发高烧需要医疗护理，WISU成员会在得知情况后立即帮助该学生。从安排前往卫生机构的交通，到处理医生的处方或要求进行任何健康检查，我们的WISU团队将确保这位学生能够顺利地获得帮助和照料。

总体来说，武汉大学在国际教育上的视野和行动力让我感叹，成为WISU这样一个倡议的一部分，这是我非常自豪的经历，这个经历也让我收获了更多的朋友和美好回忆。

在学习中，我通过专注于研究，在各种学术期刊上发表了代表性文章，顺利地获得了博士学位。这一切得益于教授们的不断鼓励和鞭策，在我的论文写作、编辑和润色中，我度过了许多个不眠之夜，直到最后一刻——2016 年，我终于以优异的成绩通过了论文答辩，并获得了华中地区最著名、最受尊敬的高等教育机构之一——武汉大学授予的最令人羡慕的博士学位。这个梦想的实现，不仅给我，而且给我周围的每一个人都带来了巨大的自豪感，让我感到，为此经历的所有困难都不值一提。

2016 年 12 月 30 日，我在武汉大学度过了十三年的旅程，我甚至可能成为在这所了不起的大学停留时间最长的国际学生。武汉大学成为将我推向另一个层次的重要一章，武汉在我心中留下了深深的足迹，在那里刻下了我一生中最美好的回忆。武汉大学使我成为今天这样坚韧、能干和勇敢的人，因为它相信我会继承与学校相关的学术遗产和荣誉。我目前担任毛里求斯经济发展首席代表和毛里求斯驻华大使馆经济商务参赞，在此职位上，我无法掩饰我的幸福，也竭力有机会让世界知道武汉大学是我的母校，在我心中有着特殊的地位。

武汉大学 130 年的历程塑造了无数各行各业的精英，我在武汉大学十三年的历程中成长为一名国际交流人才，最重要的是，我已经永远成为武汉大学的家人，"历经沧海千帆，归来仍是少年"，祝福我的母校！

"4" 和 "10"

讲述人：刘硕芬　来自韩国，2004 年在武汉大学国际教育学院学习。在校期间，学习努力，同时积极参加各种实践活动，汉语水平提高较快。

在武汉大学留学生活中，最困难的事是区别卷舌音和平舌音。武汉人发卷舌音的时候，比如 zh，ch，sh，跟发 z，c，s 差不多。所以我初次到武汉的时候有点儿听不懂武汉话。

记得我刚到武汉一个星期的时候，我和我的朋友一起去学校中国银行旁边的自动提款机取钱。我的朋友先取钱，我觉得取钱没有什么问题，我的朋友很容易就取了钱，我想我也没问题，可是出人意料的是，我取钱时，钱总是不出来。我和朋友反复地说："为什么钱不出来？为什么没有钱？怎么回事？"我们不知道怎么办才好。我们都还没经历过这样的事情，取款金额也很大，而且这不是韩国，而是在中国！我们又紧张又着急。正在这个时候，一位非常热情的阿姨在旁边，她想帮助我们。她给银行打了电话，说明我的情况。阿姨挂断电话以后，告诉我们她打电话的内容。阿姨说："银行的职员四分钟内到达在这儿。你等一下。"听这句话我非常放心。我想银行的职员这么快来，如果四分钟内来的话，附近一定有银行，可是我没看到银行。我觉得奇怪，所以我再一次问阿姨："你刚才说的是四分钟对吗？"她回答，四分钟。但是过了四分钟，银行的职员没来。我很担心，再次问阿姨："为什么过了四分钟他们没来？"阿姨笑着说："你们不明白我的话，我说十分钟内他们来这儿。"阿姨还用手势解释。我听不懂阿姨的话，我以为十分钟是四分钟，我理解错了。阿姨说武汉人发音 s 和 sh 差不多一样，初

次来武汉的人很容易弄混。终于，十分钟后银行的职员来到自动提款机，解决了我的问题。真是多亏了这位阿姨，我也记住了武汉人的这个发音习惯。在上汉语课的时候老师告诉我们，汉语的声母韵母声调都会区别意义，现在我终于明白了。

那件事情以后，我每次买东西结账的时候都会反复向老板确认是"4"还是"10"。这件有趣的事成了我难忘的回忆。

武大，梦开始的地方

讲述人：简沙（SABINA MAHARJAN）　来自尼泊尔，熟练掌握汉语、尼泊尔语、尼瓦语、英语、印地语、乌尔都语。2016 年进入武汉大学国际教育学院开始四年本科的学习。其间多次获得全勤奖学金、优秀国际学生奖学金，两次在武汉大学国际学生中文演讲大赛中荣获"优秀奖"。目前就职于加德满都一家国际贸易公司，业余时间在中国城兼职汉语教师和翻译。

　　人生真是一场奇妙的旅行。从来没有想过，武汉会成为我生活中的一个新的起点。

　　我叫简沙，来自尼泊尔一个普通家庭。本来高中毕业后，我像大多数尼泊尔孩子一样，根据自己的意愿找到了一份工作，那时候我希望自己能一边工作，一边继续深造，这一直是我的梦想。但现实情况是我对于同时学习和工作的困难一无所知，兼顾两者变得越来越吃力。就在我彷徨、后悔、不知该如何选择的时候，我得到了进入武汉大学学习的机会。这个机会对我来说是如此珍贵，我深深意识到这可能是我改变命运的契机，也许武汉大学就是我实现自我提升和追求梦想的地方，所以我不再犹豫，辞了工作，收拾行李，奔赴一个陌生但又让我充满希望的城市。

　　2016 年 9 月的一天，到现在我都记得那一天。这是我第一次出国留学，临行的前一晚，辗转反侧无法入眠，脑子里不停地想着未来的可能：我一会儿觉得十分地紧张和不安；一会儿又觉得充满自信，相信能够克服一切困难……唉，不知道自己这样选择是对还是错。我从加德满都出发，先到广州，再从广州飞武汉。飞机快要降落的时候，我已经能隐约看到这个城市的轮廓了。在此之前，我对于中国，尤其是武汉，不算了解，所以就有各种想象和期待，也有一点儿恐惧。到了武汉，我觉得武汉很美，武大更美，中国人跟尼泊尔人一样热情好客，也有很多相似的习惯，我的恐惧就彻底消失了。办理完入学手续后，学习的挑战就开始了。第一天上课我就感到学习汉语并非易事，我下定决心要更加努力。从那时起，我开始刻苦学习，因为我不想辜负父母和老师的期望。在学习的过程中，老师和同学们给予了我许多帮助。我每年都获得全勤奖，各门考试都取得了不错的成绩。不过，学习也不是一帆风顺的，特别是2020年，由于疫情，我们在线上完成了最后一学期的学习和毕业答辩。面对突如其来的变故，老师们想尽办法帮助我们，使我们顺利毕业。可是，无法正式告别武大给我带来了无尽的悲伤。疫情改变了一切，匆匆离开让我无法与亲爱的同学、教师和朋友告别，无法共度最后时光，无法共庆毕业，心中充满不舍和伤感。这是我学习、成长和收获的地方，成为我生命的一部分。我对武汉大学充满感激，它给予我一段宝贵的学习生活经历。

几天前，我收到了当年落在学校宿舍里的最后几件行李，一边收拾，翻看着这些旧物，一边打开了回忆的闸门：原来一切都还历历在目，仿佛昨天。

记忆中的武大，是最美的校园。春季，校园内绿树成荫，百花盛开，给人以生机勃勃的感觉。每年春天，当樱花盛放时，武汉大学的校园就成为一个梦幻的花海。粉色的樱花树在校园的各个角落绽放，花瓣轻柔地飘落，创造出如诗如画的景象。校园中的人们都沉浸在花海之中，感受花香的魅力。樱花季是武汉大学最受欢迎的时刻之一，学生和游客纷纷前来欣赏和拍摄樱花的美景。在樱花树下，人们聚集在一起，分享喜悦和友谊。樱花不仅是美的象征，也寓意着短暂而珍贵的生命。樱花的盛开提醒着我们珍惜当下，感受生命的美好。在樱花季节，校园中弥漫着一种浪漫和宁静的氛围，人们沉浸其中，忘却烦恼，尽情享受春天的美好。武汉大学的樱花是校园的骄傲，也是人们心中美丽的记忆。每年的樱花季节都吸引着无数人前来观赏，成为了校园最受瞩目的景点之一。夏季，阳光明媚的武汉大学校园洋溢着活力和清爽。湖泊的水面闪耀着夏日的光芒，喷泉水花在微风中轻轻飘散，带来凉爽的感觉。学生们纷纷来到校园的草坪上享受户外活动，放松身心。清晨或傍晚时分，大家聚集在校园中的凉亭和休闲区，一起畅谈、品味冰凉的饮品，共同度过夏日的惬意时光。秋季，武汉大学的校园被美丽的秋景所点缀。随着天气的转凉，树叶渐渐变黄，红色的枫叶如火焰般绽放，整个校园被染上了一片绚丽的颜色。学生们穿着轻薄的外套，在校园漫步，欣赏着树叶飘落的美丽景象。秋天的阳光洒在校园的每个角落，温暖而宜人。在这个丰收和感恩的季节，学生们纷纷参加各种校园活动，举办艺术展览、文化节等，共同庆祝秋天的到来。冬季，尽管温度较低，但武汉大学的校园依然散发着温暖的氛围。冬日的阳光透过稀疏的树枝洒在地面上。学生们穿着厚重的外套，戴着帽子、围着围巾，迎接冬日的挑战。校园中的建筑物和雕塑也增添了冬季的特别风景。冬天是武汉大学学生们相互支持和团结的时刻，大家一起度过寒冷但温馨的日子。武汉大学的环境宜人，校园内拥有广阔的草坪和花园，清新的空气和绿色的植被让人感到舒适和放松。

文化节是武汉大学的一项重要传统活动，旨在展示校园文化多样性和学生才艺。在文化节期间，学生们可以展示自己的才华和创造力，通过音乐、舞蹈、戏剧、手工艺和美食等方式展现各个国家的文化特色。这是一个让学生们相互交流、互相学习的平台，同时也吸引了许多来访者参与其中。演讲比赛是培养学生演讲技巧和表达能力的重要活动之一。武汉大学组织了各类演讲比赛，包括英语演讲、中文演讲、辩论赛等。学生们可以通过参与比赛，锻炼自己的演讲能力、思辨能力和表达能力，同时也增加了对社会和时事的了解。

在武汉大学，我有幸结识了许多留学生，他们来自世界各地，带来了不同的文化和视角。我们互相鼓励、支持和帮助，共同度过了许多难忘的时光。我们分享彼此的知识和经验，一起成长，共同追求学术和个人的进步，成为了彼此的伙伴和朋友，一起探索和享受中国的文化和美食。这些在武汉大学结识的朋友，不仅仅是学习上的伙伴，更是陪伴和支持我成长的重要人物。我们一起度过了宿舍聚会、校园活动、旅行探险等美好时光，留下了深刻的回忆和珍贵的友谊。在武汉大学的友谊将会是我宝贵的财富，我会珍惜和维系这份特殊的情谊，与朋友们共同走过人生的旅程。

武汉大学给予了我无限的机会和挑战。在这里，我能够不断挑战自己、突破自己的极限。我学会了坚持、努力和克服困难，这些经历将成为我人生道路上宝贵的财富。这里不仅是一个学术殿堂，更是一个培养全面人才的摇篮。我将永远怀念在武汉大学度过的时光，感激母校为我提供的宝贵经历和成长机会。从武大出发，我将走向更广阔的世界。

相遇是缘

——我和武汉大学的缘分

讲述人：李京昡　来自韩国，奚琴演奏家，2016 年在武汉大学国际教育学院学习汉语。曾发行《爱》《曙光》《阿里郎》《世界大百济文化祭》等十余张奚琴演奏专辑。2015 年后定居中国武汉，多次应韩国驻武汉领事馆、韩国驻西安领事馆之邀在重大活动中表演，担任湖北日报《跟着 Vlogger 打卡三国名城》主持人，为庆祝中韩建交 30 周年与武汉音乐学院合作创作歌曲《共创未来》。现为武汉韩国周末学校校长。

我是一名韩国奚琴演奏家，奚琴是在韩国广受欢迎的传统乐器。因为从小就非常喜欢中国，所以我经常在闲暇时间用看电视剧的方法自学中文。现在回想起来，我经历的每一件事情的背后，似乎皆有缘由，我与中国、与中文之间存在许多神奇的联系。

2015 年，我和中国的缘分更深了。那年 7 月，我与韩国一个志愿者团队前往印度尼西亚巴厘岛，参加援助活动。活动结束后，我们原计划先返回新加坡，但因为拉贡火山喷发，我们的航班被取消了。虽然航班取消带来了麻烦，但或许是一切皆有天意，在这段波折中我遇到了未曾设想过的电影一般的姻缘。那是在滞留巴厘岛期间，我遇到了一位非常帅气的男士，他来自中国武汉。在遥远的巴厘岛，我们相爱了，这是特殊又浪漫的爱情。同年 12 月，我们走进了婚姻的殿堂，也许这就是人们所说的冥冥之中的缘分吧。婚后我随先生长居武汉，命运把我带到了武汉这座美丽的城市，这便是我和武汉以及武汉大学缘分的开始。

2016 年 3 月，在武汉大学完成新生入学注册后，我正式开始学习中文，时年我已 35 岁。虽然人们都说学习与年龄无关，我也非常熟悉大学生活，因为在韩国时我既是一位演奏家，也在大学里教授学生，教过很多学生学习奚琴，但想到自己即将在武汉大学这样一所知名学府再次成为学生，我既激动又忐忑。激动的是我可以有机会停下脚步，学习我喜欢的中文，重拾校园时光，忐忑的是担心自己在这样的年纪，能否适应刚开始的异国生活和大学学业。

不过忐忑是短暂的，我很快就开始了愉快的校园生活，因为我结识了许多和我一样的留学生。我们的武汉大学就像一个小小联合国，不同肤色不同国家的学生汇聚于此。和我关系最为密切的是来自德国与我同龄的劳拉，还有来自意大利的五位同学，我们经常一起去学校食堂品尝中餐，另外还有总是活力无限的非洲同学、来自丹麦的越南裔同学、来自法国的时尚帅气的男同学、几位年轻聪明的韩国交换生，还有一些像我一样在进入社会后再次来中国学习中文的同学……这些同学以及校园生活都让我至今记忆犹新，回想起来备感温馨。

我想，如果我当时是二十多岁的年纪，我可能会因为害羞而不好意思先和同学们搭讪，不过因为当时我比大多数同学年长，阅历比他们丰富，我会主动和他们打招呼，和他们分享食物，因此和大家的关系就越来越好，很快就熟稔起来。我还当过班长，与同学们一起吃午餐、一起做作业，更有趣的是我们这些不同国籍的外国人用蹩脚中文进行对话，我们那时汉语还不准确，更谈不上地道，但神奇的是这似乎并不影响交流。大家在一起总是那么开心，学习虽然紧张，学习内容也不容易，但因为愉快而开心的气氛，我们的学习充满了乐趣，也越来越有信心。

记得有一次和同学们在学校食堂午餐时，有位非洲同学走过来和我们说话。他的汉语说得像中国人一样流利，他应该是高级班的同学。当时我觉得那位同学汉语说得那么好真是神奇极了，非常羡慕他的汉语水平。我是一副东方面孔，如果不开口，其实很多人并不知道我是外国人，但是这位非洲同学一看就是外国人，中文说得如此流利，让我大为惊叹，我暗暗下了决心，要把中文学得像那位同学一样出色。

武汉大学不仅具有学术盛名，自然环境也令人沉醉，苍翠丛中绿瓦飞檐的宏阔建筑让人惊叹。有名师，有别具一格的大楼，大学之大，在武汉大学得到了极好的体现。转眼到了三月，樱花盛开，校园仿佛仙境，这是我所见过的最美的大学。刚入校时，为了适应学校生活，我其实并没有在校园中仔细游览。樱花开时，为了欣

赏美丽的樱花，我在紧张的学习之余在校园里漫步，细细欣赏，陶醉在充满诗意的美景中。樱花如云似梦，规模宏大具有深厚历史感的建筑掩映其中，这恐怕是很多人能想象出的最浪漫的风景了。漫步在如此美丽的校园里，我为自己成为其中的一名学子深感骄傲。

我们学习的课程有综合、口语、听力、阅读和写作。我印象最深刻的是周老师的口语课，为了锻炼我们的口语，周老师让每一位同学以自己国家为主题制作PPT并发表中文演讲。感谢周老师，她让我一边学习一边实现着自己曾许下的愿望，就是带着我热爱的乐器走遍世界，分享我热爱的文化。在口语课的发言环节，我给同学们介绍奚琴和韩国民谣，虽然当时我的汉语还不是很流利，但我尝试演讲、分享，在大家心领神会的点头和微笑中，我获得了很大的成就感。这是我的学习生涯中难以忘记的时刻，我们不仅学习着汉语，还在跨文化交际中实现着文明互鉴。"君子和而不同"，在异国他乡，在武大，我们班就是一个"和"的小世界。

琴声如诉，岁月悠悠，此时此刻，写着这些文字，翻看着那时的照片，几年前的情景仿若就在昨天，老师和同学的笑脸时时浮现。我仿佛又是那个认真听讲的学子，那个站在讲台上的发言者，那个组织大家活动的班长。在我的经历中，有过许多难忘的时刻，当我登台演奏获得热烈掌声时，当我在大使馆和领事馆表演时，当我担任主持人时，当我悉心教授学生学习奚琴时，而在武汉大学的学习生活，让我的身份更加多元，视域更加阔达，所得更加丰富，这段繁花绿树下的求学生涯，是我人生乐曲中一段特殊的华章。如果以后有机会，我一定会再回到校园，我期待那是草长莺飞樱满园的时节，我和老师、朋友们于珞珈山下再相逢。

最后，我要感谢武汉大学，给了我人生中最幸福的一段校园生活，我会把这些美好的回忆仔细珍藏，保存至永远。

珞珈留给我的答案

讲述人：郭子炫　来自韩国，2019 年就读于武汉大学国际教育学院，汉语方向，毕业后准备在韩国西江大学继续深造汉语。

"落英缤纷，我的灵魂，和着节奏，穿梭行走，幻觉爱上这花瓣，盛开后落无忧。秋去春来，花落会开，我们何时再回头……"每当听到这首歌，就会想起 2019 年站在成长的歧路上彷徨的自己和困扰了我很久的一个问题："学问到底有多重要？"

不去看看怎么知道？不去看看是否会遗憾？于是我辞掉了第一份工作，选择来中国，到武汉大学寻找答案。武大没有让寻梦的我失望，那些闪光的片段在青春记忆里珍藏，一点一点驱散我的迷茫：

那一天傍晚，我晚饭后闲逛校园，从枫园经过"九·一二"操场直到武汉大学正门口，看到从对面来的那个男生手里紧紧地攥着一本不知看过多少遍的"破"书，一个女生从我身边走过，背着硕大的书包，吃力地推着不听话的"小电驴"上坡，跟在我身后的两个女孩不停地热烈讨论着些什么。他们脚步匆匆，各自奔向自己的方向，而我在心中默默想着："他们应该都是学霸吧！"

那一天考试季，那个男孩说要去图书馆自习，我说什么都要跟着他一起。来到图书馆，我被眼前的景象震撼到了：到处都是专心备考的学子们，他们有的坐在大厅边的蒲团上整理笔记，有的站在走廊拐角小声背诵，有的坐在书桌前哒哒打字……他们好像都一样，投入专注，眼里有光，对学习充满热爱，对知识充满渴望；但是，他们好像都不一样，他们都有各自的目标和憧憬的梦想。我看了一眼坐在我眼前的男孩，他的笔记里布满了思考过的痕迹，我也坐了下来，拿起一本书，有模有样地

看着，试图融入。

那一天的早八点，我坐在教室里，晕晕乎乎地上着课。看到站在讲台上滔滔不绝的老师，再看了一眼坐在身边目不转睛的同桌。我喝了一口水，试图浇醒自己。下课后回到寝室，躺在床上回忆上课的内容，我脑子里一片空白。起身拿起手机，我打出了一大段文字，把我的焦虑和迷茫都发送给了班主任刘老师。很快，我就收到了刘老师的回复："不要着急，慢慢来，事情总有解决的办法，而办法总比困难多。既来之则安之，咱们打起精神来，以积极的心态面对每一天的课程，一定会有收获。相信我们子炫，上天不会亏待积极努力心有梦想的孩子。"这段文字，我不知反复读了多少遍。

那一天，我开始着手写毕业论文，初次写论文不仅考验我的语言水平，还考验我的智商。然而我却输得一败涂地。我写不明白论文就算了，还弄不明白电脑。我的论文指导老师周老师默默地说了一句："我还得兼职当电脑指导老师……"沉默寡言的周老师，回答了我的一万个"为什么？"与"怎么办？"。就这样，周老师手把手地扶着颤颤巍巍的我走向了毕业。万能的周老师兑现了最初许下的"我会逼着你上进"的承诺。最终，我获得了当年的"优秀毕业论文"。

那一天，即将毕业的我心中产生了对于未来的期待和恐惧。这种复杂的情绪逐日袭上心头，它在心头撞来撞去找不到出口，让人不得安宁。我将这些心绪悄悄露给知心姐姐一样的姝儿老师看了一眼。姝儿老师鼓励道："作为一个老师，最高兴的就是她的学生真正找到了自己想走的路并且越来越好。期待你的好消息，加油！"瞬间，我心里的恐惧感被安抚了下来，不再阻挠我。我大胆迈出了那一步。我下定决心申请研究生，继续深造，没想到，我居然真的成功了！

为了不留下遗憾才选择读大学，就读期间遇见了疫情这个"怪兽"。它一口一口地吞噬了我那满怀期待的、宝贵的大学时光。遗憾吗？遗憾吧，就连武汉大学最有名的"校花"都没能见上一面。真的遗憾吗？也不遗憾吧，在远方依然能感受到不顾疫情的阻挠，依然坚守岗位，为海外留学生上课的国际教育学院老师们的一片赤诚。

毕业后，我步入社会，上下班时，站在地铁，手里攥着余华老师的《细雨中的呼喊》。周末休息日，为了给自己充电，我踏进图书馆的门槛，找一个安静的角落坐下来细细品读，翻阅着那些年我不敢对视的书籍。踏出图书馆，漫天雪花突如其来，我赶忙把手中的书藏进羽绒服，也把当年武大图书馆的印记也一并珍藏。

毕业后，武汉大学成为了我成长的起点。我记得，刘老师安慰彷徨的我时说过的那句"办法总比困难多"；我记得初次探讨学习时，周老师教我的独立思考；我记得，在需要帮助时，姝儿老师向我伸出的援手。这些记忆与感受，在我寻找人生的方向时，给了我很大的影响，使现在的我纯粹地热爱学习，使我慷慨地关爱他人。

从武汉大学毕业后，才发现那些年时常困惑我的问题的答案，不是计划 A，或计划 B，而是我自己。所有问题的答案是——热情的自己，勤奋的自己，勇敢的自己，努力的自己。我才是解决问题的核心。所以，学问重要吗？学问重要。它令人谦虚，令人思考，令人勤奋。学问将会是人生的底色，与未来呼应，但最重要的力量来自成长中的自己，这是珞珈留给我的人生答案。

My WHU Story

Introduction of the narrator: Muhammad Yaseen Alias Sharjeel Bhutto   A Pakistani national who has achieved remarkable academic accomplishments. He obtained his Bachelor's degree in Business Administration and Master's degree in Marketing from prestigious institutions in Pakistan. In pursuit of his academic journey, he embarked on a doctoral program in Marketing at Wuhan University in China from 2017 to 2021. Throughout his PhD, he exhibited outstanding performance in both social and research activities, setting himself apart as an exemplary student. Presently, he works as an Associate Professor at Shandong Jianzhu University in Jinan, China. In addition to his teaching responsibilities, he has actively contributed to the field of marketing, with an impressive portfolio of 27 scientific articles authored and co-authored in esteemed journals and conference proceedings.

As Dr. Muhammad Yaseen Alias Sharjeel Bhutto, I embarked on a transformative journey, earning a PhD in Management from Wuhan University. This prestigious institution, ranked among the top 500 universities in the world according to the QS University Ranking, provided an outstanding education and enriched my academic experience. In this article, I share my remarkable story of studying in China, expressing my gratitude to the Chinese government for the CSC scholarship that made my trip possible. I would also like to highlight the breathtaking beauty and vibrant campus life of Wuhan University and the unwavering support of the international school, including my supervisor, dean, and teachers, who made my journey truly wonderful, interesting, and peaceful.

My journey at Wuhan University was transformative and left an indelible mark on my heart. It was an extraordinary experience that showcased China's unwavering dedication to providing high-quality education and cultivating a culture of relentless research and limitless innovation. I cannot express enough gratitude to the Chinese government for awarding me the prestigious CSC scholarship, which provided substantial financial support and recognized the immense value of international cooperation and exceptional talent worldwide. This gesture touched me profoundly and instilled a sense of belonging and appreciation for the unity of knowledge across borders.

The quality of education I received at Wuhan University surpassed all my expectations, leaving me awe-inspired and humbled. The university's commitment to excellence was evident in every aspect of its existence. The cutting-edge research facilities and a faculty of exceptional competence and dedication created an environment that propelled me toward new heights in my PhD research. The rigor of the curriculum challenged me to push beyond my limits, constantly striving for intellectual growth and academic excellence. The comprehensive educational programs offered instilled in me the essential knowledge and skills and nurtured a global perspective vital for success in the ever-evolving management field. Through the doors of Wuhan University, I walked confidently, knowing I had been equipped with the tools necessary to make a difference in the world.

However, Wuhan University's impact on me was not limited to academia alone. Its campus, a true marvel nestled amidst the vibrant city of Wuhan, held an enchanting beauty that captured my heart. The picturesque landscapes, adorned with lush greenery and magnificent architectural structures, were a testament to the harmonious blending of nature and human ingenuity. But the serene and peaceful atmosphere truly made the campus a haven for learning and personal growth. In those moments of tranquility, I found solace and inspiration, allowing my mind to wander and explore new horizons. The campus became more than just a physical space; it became a sanctuary where dreams were nurtured, and passions ignited, creating a profound emotional connection that will forever resonate within me.

Beyond its physical allure, Wuhan University thrived with a vibrant and engaging academic life. The opportunities presented to me were as diverse as they were enriching. From a multitude of captivating courses to abundant research prospects and an array of extracurricular activities, the university nurtured an environment of intellectual stimulation and personal development. The state-of-the-art libraries, research centers, and laboratories were not mere structures but gateways to boundless knowledge and discovery. They served as a testament to Wuhan University's unwavering commitment to providing its students with the best resources, enabling us to delve into the realms of curiosity and fuel our thirst for exploration. In these hallowed halls, I gained knowledge and imbibed a spirit of inquiry and innovation that will forever guide my journey.

Throughout the challenging period of the Covid-19 pandemic, I witnessed the exceptional support and assistance provided by Wuhan University. The university's leadership and dedication were remarkable as they prioritized all students' health, safety, and well-being. In response to the pandemic, Wuhan University swiftly implemented rigorous safety measures, ensuring a secure environment for everyone on campus. Additionally, they provided timely updates and guidance, utilizing effective communication channels to inform and reassure international students. Many teachers in School of International Education helped out greatly during this challenging time. Their dedication and commitment were evident as they tirelessly worked to facilitate access to necessary resources and offer remote learning alternatives. I experienced their unwavering support and personalized assistance firsthand as an international student. The teachers went above and beyond to ensure a smooth transition to remote learning, delivering engaging online lectures and maintaining open lines of communication. Their adaptability and willingness to address individual concerns helped ease the challenges faced by international students, enabling us to stay connected, motivated, and academically engaged despite the physical distance.

Moreover, teachers and staff in School of International Education were crucial in addressing our individual concerns and needs. They understood the complexities of our situations, particularly regarding visa and immigration matters, and provided invaluable guidance and support. Additionally, they organized virtual peer support groups and offered counseling services, recognizing the emotional toll of the pandemic was taking on students' mental health. Their compassionate approach created a sense of unity and support within the international student community, making us feel valued and cared for during these uncertain times. Wuhan University's support and guidance helped make my journey exceptional. The dean and faculty have shown great support and genuine passion for fostering students' academic and personal growth. They provided invaluable advice, guidance, and constructive feedback throughout my research journey, pushing me to new heights and encouraging independent thinking. SIE, with its commitment to an inclusive and supportive environment, fostered a sense of belonging and encouraged students from diverse backgrounds to work together.

Studying in China, particularly at Wuhan University, has been a transformative experience that has shaped my personal and professional growth. The exceptional education quality, combined with the captivating beauty of the campus, provided a platform for intellectual exploration and intercultural understanding. The support and guidance empowered me to develop confidence, resilience, and critical thinking skills. Finally, I am deeply grateful to the Chinese government for its support through the CSC scholarship, which enabled me to complete my PhD and experience the exceptional quality of education in China. Wuhan University's fascinating beauty, vibrant academic life, and unwavering support from an international school made my journey beautiful, interesting, and peaceful. This transformative experience equipped me with the knowledge, skills, and global perspective to make a meaningful contribution to the management field. I am forever grateful for the opportunities and experiences that studying in China has given me, shaping me into a well-rounded individual ready to make a positive impact in my field and beyond.

我和母校之间的往事

讲述人：张哲娜（JUNTREE KANJANA）　来自泰国，毕业于武汉大学文学院语言学及应用语言学专业（硕士），现于泰国农业大学色军府分校区人文与管理科学学院担任汉语教师。

光阴似箭，日月如梭。我也在不断地成长。毕业多年我还是对武汉大学念念不忘，一直怀念那段美好的学习时光。有人说学校是一个可以培养一个人，让其有效成长的地方，同时也成为了很多人的第二个家。

我曾经是一名文学院语言学及应用语言学硕士生，现在已经毕业三年了。我目前在泰国农业大学色军府分校区担任汉语教师。在这里，我把所有我所学到的东西传递给了我的学生。他们很希望能像我这样有机会去中国留学，尤其是去武汉大学。如果要让我讲述我的母校，恐怕一万字也表达不出我内心对武汉大学的崇拜以及爱戴。

武汉大学是一所非常有名同时也非常美丽的大学。也许是因为樱花的美，成千上万的人来到这里。不管是在科学方面还是在艺术方面，武汉大学都是一所令人敬佩的大学，因为武汉大学不仅培养出了许多人才，而且还教会我们怎样做人，怎样成为社会所需要的人才。在教学方面，武汉大学首屈一指，拥有优秀的师资和优质的课程，使这里的学生能够充分学以致用。

我很荣幸成为武汉大学的学生，因为这所大学不仅让我获得了专业知识，而且还培养了我对他人及社会的责任心。通过武汉大学严格的教学课程，我收获了向学生传授知识的信心和能力。如果说一个人的作品体现出其自身素质，那么你的母校名称就像你的名片一样。我可以毫不夸张地说，我的工作名片上写着"武汉大学"，这就是一张金名片，让很多人对我的潜力充满了信心。我想邀请那些有兴趣学习的人像我一样在这里学习，并体验美好的环境和丰富的生活经验。

在这里生活谁也不会感到孤单，因为在这里我们能交到很多朋友，而且他们也对我们很好。不管是中国朋友或者是外国朋友，他们都很好相处。每当有困难时，他们都会及时帮忙，耐心地给我们解决问题。我还记得当我在学习专业课程时，我有一个地方怎么学都学不会，也不懂怎样能把那些东西学会。于是我的中国朋友以及在班上的所有人都慢慢地给我这个外国学生解释。每当要组成小组去做一个报告，他们也积极地邀请我参加他们的小组。他们真的对我很好。课外，大家还邀请我一起跟他们去图书馆，一起看书，一起讨论问题，一起出去玩儿，一起吃饭，让我在那些年过得如此美好。我真的希望有一天我们全班会再一次相遇，像那些年一样团聚享受我们快乐的时光。因此，我可以说，也可以证明，当我们成为这里的学生，有一件事是真实的存在，那就是我们都会互相帮助，互相学习，互相陪伴，让我们享受了学习的快乐时光。同时在课堂上当我们遇到不懂的地方，朋友们也会给我们辅导一些专业性的知识。因此，中国就有一句俗话说："朋友多路好走。"

每当说起我与朋友们一起学习及讨论学习问题时，我都会想起武汉大学的图书馆，因为这里的图书馆建筑非常美，而且也非常古典。里面又大又漂亮，书柜也很整齐，书桌也很丰富，环境也特别安静，外边还可以拍照，每季都很美。路也好找，因为武汉大学的图书馆就在正门的右侧。另外，风景也很漂亮，真不愧是学习之路。

除此之外，武汉大学还专门有"留学生会"，在大家遇到困难时提供帮助，并且每个月会组织有趣的活动，让留学生积极参与，这样也不会感到孤独。在体育方面，学生们还可以参加学校的专项俱乐部。俱乐部不仅给我们带来了温暖的团聚，而且我们还能学到在课堂上学不到的东西。这些俱乐部主要与体育有关，比如篮球、跆拳道、足球俱乐部；音乐方面，有中国乐器的古筝、现代的钢琴、唱歌及艺术方面等；还有专业性知识方面的俱乐部。我自己参加了篮球俱乐部，也没想到自己会成为篮球队的队员去参加比赛，因为我的身高不高，看上去不像会打篮球的样子，但是我真的成为篮球队的一员。从这里可以看出，武汉大学对每一位学生都很平等，值得我们到这里来学习。

我除了参加篮球队之外，还参加了足球队。我还记得那一年我跟朋友打比赛，我们都很快乐。当我们去比赛的时候，我们的教练跟我们说："我们不需要惦记是否打赢，因为最重要的是我们跟朋友享受很美好的回忆，所以好好玩儿，不要好好儿踢。"我们听完这句话，最后就输给对手了，因为我们是真的来玩儿。

另外我还参加了留学生会。这里教会了我很多知识，教会我如何去跟老师们和其他同学沟通，如何去担任自己负责的工作，如何安排好时间，如何成为一个会忍耐、会解决问题的人。因为这些，当我上班和进入社会后，所有这些经历的培训经验都发挥了巨大作用。我不想让有些人认为参加活动会影响到学习，其实并非如此，因为如果你们能安排好时间，那么这些也不会成为你们的问题。况且这些活动还教会你们在社会上如何做人，如何满足社会的需要。我在校期间也经常参加各种各样的活动，并且在学习上也取得了好成绩。

我学习的秘诀其实也很简单。早上起床看会儿书，去吃饭，去上课，认真听课，当我发现我不懂的地方就会及时地向老师们请教，再总结并说出刚才老师给我的解释。下课后再复习自己学习到的东西，晚上睡觉之前再预习课文，比如说明天要学习的东西今天我要先预习，找出自己不懂的地方。这都是为了在课堂上能向老师请教，同时也可以跟老师和朋友们一起讨论问题。关于作业的话，我就在当天把它写完。如果是报告或者写小论文的话我就会安排好时间，先看书再收集跟自己有关的题目资料，然后去把它写下来。我的要求是每天必须要写一点东西来，这样的话，就可以减少自己的工作量。千万别把所有的事情拖到最后一天，不然你就会跟不上自己要学习的东西。以上就是我学习的秘诀。如果我们把最重要的任务做好了的话，不管你想去哪儿玩儿都可以，想参加什么活动也都不要担心。

我还有一件事想向我的母校武汉大学，各位老师以及朋友们表示感谢，那就是鼓励我去参加社会公益活动。我还记得那年的夏天我参加了"黄鹤楼志愿讲解员"。这个工作项目培养了我许多事情，让我变得更会走向真实的工作，锻炼自己的汉语口语能力和英语口语能力，以及传播中国文化和历史给外国人。我真的觉得自己能有机会报答武汉大学的培养以及中国政府奖学金的资助。在此，衷心地感谢武汉大学。此外，武汉大学还给了我们外国人机会到中国学校跟中国小朋友们一起交流文化。我还记得那年我给他们讲了关于泰国的文化和历史以及语言。小朋友们也教了我一些汉语语言和方言，介绍了他们家乡的特产。真的好好玩儿！这件事使我终生难忘，因为它是我最美好的回忆。不管我们来自哪里，到了中国之后都是一家人，像中国和泰国的这句俗话："中泰一家亲。"

"读万卷书行万里路"这句俗话在我看来能应用在武汉大学对每一位学生的培养上。因为武汉大学的每一位教师都很优秀，专业知识也很丰富，每个专业的课程安排都很合理，社会活动也很丰富，每位同学都很友好，奖学金评定公平公正，每一位学生都可以平等地竞争，毕业以后还会成为社会需要的人才。

我张哲娜，泰语名字叫 JUNTREE KANJANA，衷心地感谢我母校武汉大学以及每一位教师、朋友的陪伴。丰富的生活经验，让我能像您一样优雅地立足于社会。今年是武汉大学 130 周年华诞之际，我愿您更加辉煌！

珞樱之声

讲述人：欧阳淑炘　来自马来西亚，祖籍福建金门，2020 年毕业于武汉大学新闻与传播学院播音与主持艺术专业，参与了国际学生毕业歌曲 MV《在这里的时光每天都很耀眼》的词曲创作和演唱，如今在吉隆坡工作生活。

嘿，今天和你分享我和武大的一些美好小故事。

作为武大新闻与传播学院播音与主持艺术专业中唯一的，同时也是第一位留学生，起初，我在班级里总感到有些拘谨和胆怯，似乎身上背负着异类的标签，害怕被质疑自己为何会出现在这个班级。好在，有那些悉心指导我的老师们的关心和引导，让我将这份胆怯转化为对学业的认真与努力，我也在这个过程中获得了巨大的成长和收获。

然而，2020 年疫情的暴发改变了一切，尤其是专业课程被迫转为线上形式这一点，对我而言是一大挑战。身处马来西亚，失去了与中文环境的接触，使得学习变得更加艰辛。好在，我们是永远的"珞珈少年"，总是乐于接受各种挑战。武汉大学很快推出了"停课不停学"的紧急应对措施，冬眠的虫鸟或许还未醒来，但各位老师已经抖擞精神，为了教学愿意化身"主播"，就这样，我们一天也没有耽误地开始了线上学习的日子。武大的老师和同学都很照顾我这个身处海外的学子，我也积极调整，努力适应。

2021 年，我迎来了大三下学期，也是专业实习的阶段。我顺利通过了马来西亚收听率第一的华语电台新闻主播的面试，开启了全新的实习生活。在这一过程中，我不断寻找着标准普通话和马来西亚的本土腔调的平衡，在一次次的实战中，我越发得心应手，将播报新闻变成能够掌握的日常。这让我不得不由衷感谢武汉大学的培养，也感谢那个能够勇往直前、不停止前进的自己。

实习结束后，我在 Facebook 上创建了一个名为《珞樱之声》的专页，主要记录自己播报新闻的短视频。虽然流量一般，但总能收到身边朋友的赞赏、鼓励和支持，这让我感到生活更有意义了。

虽然在马来西亚的日子过得还算美好，但我总感觉自己缺少真正的校园生活。最让我遗憾的是，我没办法返校参加自己的毕业典礼，也没能让父母领略武汉大学之美，现在回想起来，心里还是有点空空的。

幸运的是，我还是有机会参与自己班级的毕业汇演。得益于科技，我能以新闻报道视频的形式，向中国的同学们介绍马来西亚一个小镇的美食与好去处，还为班上同学的歌曲串烧节目担任架子鼓伴奏。最感谢的是"18 播"的同学们排除万难与我保持联系，没有忘记我的存在。

此外，我还参与了国际学生毕业歌《在这里的时光每天都很耀眼》的制作，其中包括了作词、作曲和演唱。我把对武大的思念与美好回忆融进了旋律，化作歌词，作为我从武汉大学毕业的最后一张开放式答卷。对于自己交上的答案，我还算满意。

我将新闻报道视频和毕业歌的视频都上传到《珞樱之声》的专页，这让我意识到，它早已成为我大学生活后期的一本记事本，记录着我在马来西亚度过的大学生活点滴和回忆。

2023 年六月，又是一个毕业季。突然意识到，我竟已从武汉大学毕业整整一年了。现在的我在吉隆坡工作，忙碌的生活让我充实而满足。然而，武大枫园 CBD 的冰粉、杂粮煎饼、山西刀削面、手抓饼、煎饺、麻辣烫和热干面时不时闪现在我的思绪中。这些美食啊，我在马来西亚实在找不到同样的味道，这份美食记忆，引发了我对武汉大学所有生活轨迹的不舍，回忆涌上心头。

我怀念骑着电瓶车穿梭于枫十四斜坡的早八，怀念录音室里专业小课的紧张氛围，怀念与朋友们夜游东湖的自由，怀念工学部那份只需十元的土耳其烤肉饭，最让我怀念的，是与每个朋友之间的青春故事。

可再怎么怀念，日子还是要往前走。

大学的经历化作我在职场生存的底气，我也收起了当年的稚气与烂漫，迎接着生活中每一个全新的挑战。《珞樱之声》现在仍在继续更新，大学时代的回忆藏在时间线的前端，新的职场故事仍在继续。

对了，忘了和大家说，我的外号叫 Sakura，意为樱花。《珞樱之声》寓意着"毕业自珞珈山下的一朵樱花"。这朵樱花，现在在四季如夏的马来西亚仍然日日绽放，温婉坚韧。

特别课堂

讲述人：康玲达（LINDA NOUBOUALAPHANH） 来自老挝，2020 年本科毕业于武汉大学，获得文学学士学位。毕业回国后就职于老中联合高速公路开发有限公司，担任综合办老挝籍管理员兼翻译。在工作期间曾接受中国主流媒体采访，讲述了在武汉大学的留学生活和在老中高速工作的感想，刊发于新华社和云南日报等媒体，为加强两国人民的友谊作出了积极贡献。目前保留岗位，获中国政府奖学金继续深造，在西南政法大学攻读硕士学位。

光阴荏苒，恍惚间我已经从亲爱的母校——武汉大学毕业三年了。我叫康玲达，是 2020 届国际教育学院汉语言专业毕业的老挝留学生，目前在老中联合高速公路开发有限公司挂职上班，同时也在西南政法大学攻读硕士研究生。

在武大读书期间，令我最难忘的一件事，我想在此分享给大家。

在一个阳光明媚的周末，我们班主任熊莉老师带领我们本三 B 班去美丽的马鞍山森林公园。一下车，我们首先奔向公园对面的农贸市场，叔叔阿姨们招呼着我们去他们各自的摊位看看，不大不小的市场摆满各种各样的蔬菜和肉，还有已经串好的菜，周围充满温馨的生活气息。我们买了一些菜准备到公园里烧烤，这个森林公园的特点就是自助烧烤，除此之外，还有滑索、骑行等活动。

走进森林，鲜花香草遍地，森林覆盖率达 80%，放眼望去真是美不胜收，难怪是号称武汉人"后花园"的天然氧吧，漫步其中，能感受到空气清新。周末人会比较多，有的是家庭出行、朋友聚餐，还有的在拍婚纱照，在夕阳的衬托下油菜花显得格外灿烂。

　　这个公园位于城市的郊区，周围群山环绕、古树参天，被誉为"城市绿肺"。在老师的带领下，我们一进森林公园内部就被眼前的景色惊艳到了，一片幽静祥和的气息扑面而来，周围都是郁郁葱葱的树木，空气中弥漫着清新的香气。远处有一座高山拔地而起，山上绿树成荫，给人一种宁静和宜人的感觉。老师带领我们沿着路往上走，一路上，我们欣赏着四周秀丽的风景，不时还可以听到鸟儿欢快的歌声。在徒步山间的过程中，老师不时停下来给我们科普有关植物、动物和生态环境的知识。我们了解到，在这片森林中，不仅树木种类繁多，还有各种珍稀动植物。老师告诉我们，这些动植物是森林中不可或缺的一部分，它们维持着整个生态系统的平衡。站在高处，我们可以看到整个森林公园的壮丽景色，大家纷纷拿出相机，捕捉这一刻的美好。

　　之后，我们在山间休息片刻，享受着这个与大自然亲密接触的时刻。天空湛蓝，阳光明媚，微风轻拂着脸庞，使人心旷神怡。自助烧烤区域内，人们聚集在火炉旁，准备开启一场美食盛宴。酱料和调料摆放在桌上或垫子上，让人们可以根据个人口味加入适量的调料，为自己的午餐增添多样化的风味。大伙儿坐在石凳旁，品尝着自带的零食甜点，互相分享着趣事和笑声。休息得差不多了，我们就开始一起洗菜、烧炭，片刻一道道美味的食物出现在眼前，各式各样的烤串被烤得金黄诱人，有肥瘦相间的牛肉、嫩滑多汁的鸡翅、香喷喷的蔬菜串等。细腻的烟雾从炉子中升腾而

森林公园中的户外课

起，烘烤的香气弥漫在空气中，吸引了不少周围游玩的人们加入到自助烧烤区来。对于烧烤爱好者来说，森林公园自助烧烤区无疑是一个让人满意的天堂。无拘无束的烧烤体验，融入大自然的怀抱，让美食与心灵相互交融，带给人无尽的喜悦与满足。在这个特殊的场合里，大家能够相聚一堂，分享快乐，创造美好的回忆。无论是对于身心放松，还是增强人际关系，这片神奇的自助烧烤区都能为人们提供独特而难忘的体验。

森林公园很大，我们选择性地游玩一些区域，我和同学们都用汉语和当地人聊天、买东西。准备烧烤时由于没有经验，带的工具不多，洗菜时还借了旁边的一位本地姐姐的工具。虽然我们不会武汉话，但在这里的每个人对外国朋友都很热情友好。那天，大家不仅参与了汉语实践活动，尝试了自己烧烤，同时还欣赏了美丽的风景。

除此之外，老师还带领我们参观过母校的万林艺术博物馆，这里展示了丰富多样的艺术品和文化遗产。博物馆坐落在美丽宜人的校园环境中，建筑设计独特，凸显出现代与传统相结合的美感。馆内的展陈分为常设展览和临时展览两部分。常设展览包括中国传统书画、西方绘画、雕塑、素描等各类艺术作品，展示了博物馆收藏的珍贵艺术品。临时展览则根据时间和主题的变化不断更新，展示当代艺术家们的最新作品以及国内外知名艺术品。当我们踏入博物馆的大门时，首先映入眼帘的是一幅气势宏伟的巨型壁画。这幅壁画以鲜明的色彩和精细的细节勾勒出武汉大学百年辉煌的历程，让我们更加深刻地感受到这所学府的文化积淀和发展历程。

接下来，我们参观了绘画艺术馆。这里陈列着一些著名的国内外绘画作品，如明代文徵明的《寿山福海图》、清代石涛的山水画以及近现代著名画家的作品。我们在欣赏这些艺术作品的同时，也深入领略到其中所蕴含的思想、情感和艺术技法。老师还引导我们参观了雕塑展览区。那里展示了中国传统雕塑与现代雕塑作品，包括石雕、铜雕、木雕等不同材料与风格的作品。每一件作品都展示着雕塑艺术的精髓与独特之处，呈现出动静相宜、形态各异的美感。

除了展品本身的价值，博物馆还承担着教育和研究的重要使命。学生们可以在这里感受到艺术与历史的交融，通过观摩和学习，提高自己的审美能力和艺术素养。同时，博物馆也为研究人员提供了极好的资源，帮助他们深入研究各个时期的艺术发展和历史背景。

通过参观武汉大学万林艺术博物馆，我们不仅增长了对艺术的欣赏力和审美能力，也更加深入地了解了中国传统文化的瑰宝和艺术的独特魅力。这次参观不仅是一次艺术之旅，更是对历史文化的探索与传承，让我们对武汉大学和中国的艺术瑰宝有了更为深刻的理解和感悟。

时间流逝，虽然过去了三年，但我依然记忆犹新，念念不忘的户外课程，在我们的成长过程中起到重要的作用。它不仅开阔了我们的视野，提高了我们的学习兴趣和动力，更锻炼了我们的意志力和毅力。当我们回望过去，回忆起那些被风吹乱头发的日子，我们会感叹自己的勇气和坚持不懈的精神。这两次户外课程不仅仅是难以忘怀的经历，更是人生中宝贵的财富。它让我们深刻认识到大自然的伟大与美妙，现代艺术与古代文化的碰撞，拓宽了我们的眼界，让我们找到了自己的位置，也发现了不竭的智慧和力量。这些都将成为我们终生难忘的记忆，激励着我们追求更高更远的目标。无论是在学习、工作还是生活中，我们都会牢记户外课程带给我们的珍贵经验，并以此为支撑，在未来的道路上勇往直前，这便是在我留学期间念念不忘的特别的户外课程。

回首往事，我不禁沉浸在回忆的海洋中。母校，您是我人生成长的摇篮，培养了我扎实的知识基础和积极向上的人生态度。在校园的岁月里，我努力学习，积极参与各种活动，丰富自己的学识。每天走过那熟悉的校门口，呼吸着清新的空气，我总能感受到来自母校的温暖和力量。

母校，您教会了我勤奋和努力的价值。无论是在课堂上，还是在课外活动中，您一直鼓励我们追求卓越。您的师资力量强大，师生之间的关系紧密而亲切，每一位老师都像孩子们的导航仪，为我们指引前进的方向。

母校，在您的庇护下，我度过了人生中宝贵的时光。您提供了一片宽广而肥沃的土地，培养出无数优秀人才。我们的校友遍布各行各业，他们以优异的成绩和卓越的能力展现出母校的辉煌。

今年是武汉大学 130 年校庆，在此，我衷心祝愿母校永远洋溢着智慧和爱，成为每一位学子心中永恒的家园。祝母校续辉煌、永昌盛，桃李满天下！

武汉大学的樱花开了吗

讲述人：具桐汉（GU DONGHAN）　来自韩国，武汉大学国际教育学院 2021 届汉语言专业毕业生，目前在无锡一家半导体公司从事软件工程工作。

从我踏上武汉大学的土地开始，我的中国留学之旅就拉开了序幕。那是 2018 年的秋天，我充满了对未来的期待和对新环境的好奇。然而，刚开始，我面临了巨大的挑战。选择了错误的专业，使我无法适应学校的生活和学习节奏。我试图努力适应，但我无法隐藏我对未来的迷茫和恐惧。

我花了很长时间反思，思考我到底需要什么，我在追求什么。一次偶然的机会，我了解到了国际教育学院，我觉得这可能是我需要的，可能是我能够找到方向的地方。我决定向学校申请转专业。当我得知学校批准了我的申请时，我激动得无法用言语表达。这个决定为我重新点燃了求知的热情，让我有了重新开始的勇气。

2019 年，我在国际教育学院开始了新的学习生活。我遇到了新的老师，新的朋友，我的同学们都来自不同国家，有着不同的背景。我们共同学习，共同生活，我开始享受这种多元化的环境，我开始喜欢我的学校生活。

2019 年，武汉市举办了第七届世界军人运动会。作为武汉大学的一份子，我有机会参加选拔志愿者的演讲比赛。我和其他在武汉大学的韩国朋友一起，在黄鹤楼拍摄了各种照片，并进行了精彩的演讲。我们的演讲获得了热烈的欢迎，我们的照片被大家广泛分享。这次经历对我来说意义重大，这是我在武汉大学的一次重要的社交活动，我从中学到了很多。

同年，学校举行了一次大型的"国际文化节"。这是一个让全校师生共同参与的活动。我们可以品尝到来自世界各地的美食，可以亲身体验不同的文化。我和我的韩国朋友们一起，积极参与了这次国际文化节活动。我们穿着韩国的传统服装，制作并销售韩国的美食。我们的摊位吸引了很多人，大家都很喜欢我们的食物，我们也从中收获了快乐。

然而，一场突如其来的新冠疫情，打乱了一切。我在寒假期间回到韩国，但由于疫情的暴发，我无法回到武汉。我失去了回到学校坐在教室里上课的机会，只能通过网络进行学习。我突然感到迷失了方向，开始失去学习的动力。

然而，我知道我不能就这样放弃。我必须要毕业，我必须要完成我的学业。于是，我开始强迫自己学习，我开始阅读更多的书籍，开始写作。我尝试着从网络课程中找到乐趣，我尝试着从学习中找到动力。经过一年的努力，我完成了我的毕业论文，我成功地从武汉大学毕业了。

毕业后，我开始思考我的未来。我应该如何选择我的职业？我应该在哪里工作？在经过一段时间的思考后，我选择了在中国无锡的一家半导体公司工作。现在，我在这里，我在这个新的城市、新的工作环境中找到了新的自己。

当我回想起在武汉大学的日子，我感到那是我生命中最美好的时光。那些日子充满了挑战，充满了困难，但也充满了成长，充满了喜悦。我感到我成为了一个更好的人，我学会了如何克服困难，如何面对挑战。

我怀念那个美丽的校园，我怀念那些和我一起奋斗的朋友，我怀念那些教导我、鼓励我的老师。希望有一天，我能再次回到武汉大学，去看看那个我曾经生活过的地方，那个让我经历困难，让我享受快乐，让我不断成长的地方。我想知道："武汉大学的樱花开了吗？"

从武汉大学到未来

讲述人：阿克那　来自孟加拉国，2021 年 6 月毕业于武汉大学国际教育学院汉语言专业，同年 9 月进入华中师范大学攻读硕士，2023 年 6 月硕士毕业并获意大利罗马大学全额奖学金攻读博士学位。

五年前，我离开了家乡孟加拉国，踏上留学之路。当时，我对未来充满了期待和好奇。我选择了来中国留学，因为听说中国的教育体系和文化背景都非常独特；而作为中国顶尖大学之一，武汉大学更是具有无比的吸引力。在过去的五年里，我有幸成为一名来自孟加拉的留学生，在武汉大学度过了人生中最宝贵的时光。这段留学经历不仅让我获得了宝贵的学术知识，还让我结识了许多优秀的教师和朋友。在这篇文章中，我将分享一些有趣的故事，并向武汉大学的教师们表达我的感激之情。

抵达武汉大学的第一天

五年前一个阳光明媚的日子，我坐上了飞往武汉的航班。抵达武汉的那一刻，我被这座城市的繁华和活力深深吸引。我迫不及待地走入武汉大学校园，开始了我的大学生涯。刚开始的时候，我感到有些迷茫和不适应，但是随着时间的推移，我逐渐融入了这个大家庭。

有趣的故事

在武汉大学的学习生活中，我经历了许多有趣的故事。我的朋友们来自不同的国家，拥有不同的文化背景，我们在这里相遇，成为了最好的朋友。

　　我还记得，第一天搬进宿舍，我随手拉开门，却意外地发现一个正在打呼噜的室友。这个室友名叫杰明，来自德国。我开怀大笑，不相信自己会有这么一个有趣的室友。杰明打呼噜成了我们之间的一个小笑点，每当我们在宿舍一起学习或者娱乐时，杰明的大声呼噜总能给我带来欢乐的笑声。

　　除了校园内的活动，我们也一起进行了一次愉快的旅行。我们选了一个烈日炎炎的周末，带上相机和笑声，一起踏上征程。我们从武汉出发，参观了黄石市的名胜古迹，品尝了当地的美食，在龙角山顶上，欣赏了壮丽的日落景色。在旅行过程中，我们分享了彼此的故事和梦想，相互鼓励和支持。这次旅行让我们更加了解彼此，拉近了我们的距离。

　　这段经历让我明白了友谊的可贵，也让我感受到了来自不同国家的人们之间的真挚情谊。我们尽管出身不同，语言不同，但我们的友谊却超越了这些界限。通过相互理解、尊重和支持，我们创造了最好的室友关系。与室友杰明一起度过的时光成为我人生中值得永远珍藏的回忆。

　　这段经历也让我明白了友谊的力量，教会了我与不同国家的人们相处的智慧。我深信，这段经历将陪伴我一生，并把我塑造成为一个更开放包容的人。

　　而这一切都要归功于武汉大学！

阿克那和朋友们在一起

成长和收获

在武汉大学的五年里，我不仅积累了丰富的学术知识，还结交了许多真挚的朋友。我非常珍惜与同学们共度的时光，我们一起学习、成长，互相支持，共同追求自己的梦想。在这个过程中，我逐渐变得坚韧、自信，学会了如何面对挑战和困难。

在校期间，我参加了武汉市座谈会，为武汉大学国际化水平的提高建言献策；参加了第十二届、第十三届、第十四届珞珈金秋国际文化节，以及国际交流营等活动；在军运会期间，我还带领孟加拉国运动队参观了武汉。我在各级各类中文经典朗诵比赛和征文活动中多次荣获奖项，并被评为优秀黄鹤楼外籍志愿者，还获得了优秀毕业生殊荣。

感激之情

我知道，我的这些成绩凝聚了武汉大学老师们的心血和奉献。在武汉大学的五年里，我遇到了众多卓越的老师。他们不仅在学业上给予了我巨大的助力，更在生活中给予了我无私的关怀。他们以智慧和学识点亮了我的求学之路。当我遇到困境和挫折时，他们总是鼓励我不放弃，坚持追寻梦想。

毕业典礼上的阿克那和刘莉妮（左一）、潘泰（右一）两位老师

我特别想提及潘泰老师，若非他的支持和鼓励，我不可能顺利完成本科和硕士的学业。在我的求学道路上，是他及时引导、支持、帮助了我，未来的归宿尚未可知，但我将永远铭记潘泰老师的帮助。

结　语

回首五年的留学生活，我感慨万分。从孟加拉国到武汉大学，这段旅程不仅让我获得了宝贵的知识和经验，还让我明白了友情和感恩的重要性。感谢所有给予我帮助和支持的老师，正是有了你们的鼓励和指导，我才能够克服困难，追逐梦想。

五年的留学之路如同一本厚重的书籍，它记录了我在武汉大学成长的点点滴滴和奋斗的足迹。这段旅程不仅让我拥有了宝贵的知识和技能，更重要的是，它塑造了我坚韧不拔的品质和积极向上的心态。

愿这段留学之路成为我人生中最美好的回忆，也愿我能够将在武汉大学所学到的知识和经验运用于实际，在未来为我的祖国作出贡献。谢谢武汉大学，谢谢我的老师们！我爱中国，我爱武大！

老师，谢谢你

讲述人：金真明（JINMYUNG KIM）　来自韩国，2022 届汉语言专业毕业生，目前在上海交通大学新闻传播学专业攻读硕士研究生。

回忆起在武汉大学的点点滴滴，我印象最深的是国际教育学院的老师们对我无微不至的关爱和教诲。

老师的教导提高了我的专业知识水平

首先是国教院为我们提供了丰富多彩的课程。通过汉语综合、听力、写作、口语这些课程，我可以从汉语的基础到高级不断地学习。老师们以专业知识和经验为基础进行了精彩的授课，并根据学生的学习水平和需要提供了针对性的指导。此外，老师们还通过各种学习资料和实战练习，帮助学生提高汉语水平。汉语听力课对掌握中国人的语速和语调有很大帮助，在听和理解各种主题的音频材料的过程中，我们学习了句子的结构和表达方法，提高了对汉语的感觉，也培养了与中国人实际对话交流的自信。

在汉语写作课上，老师教我们学习句子结构、锤炼词汇、根据文体进行改进等，提高了我们的写作水平。各种主题的写作练习，有助于提高汉语表达能力，巩固语法和词汇能力，这些都让我在中国的学习和日常生活中更加自信地用中文进行写作。

口语课通过与其他学生的小组对话等方式，提高了我们实际的汉语沟通能力。老师们选择了丰富的话题，进行各种主题的讨论，培养了我们用中文表达意见、选择符合情况的词汇进行表达的能力。

通过阅读、写作、听力、口语等多种活动，我逐步提高了汉语水平。我们使用了各种模仿真实汉语环境的学习材料，并通过实战练习获得了将学习内容应用到实际当中的机会。现在，我们可以用中文表达对各种主题的意见，提高了对中国文化和社会的理解。

此外，商务汉语课程也有助于学习商务相关术语和表达，增强在中国商务环境中的沟通能力。在处理各种业务的场景中，我们可以学习如何在实际情况下使用中文，这使得我们可以在中国开展业务或与中国企业开展合作时进行有效的沟通。

老师们的教诲极大地促进了我的成长，不仅是在学习方面，还在于使我积累了对整个人生来说都十分宝贵的经验。拥有汉语言专业的知识和沟通能力，将是在相关领域继续深造、工作或研究的巨大优势，我认为这种能力将为我的未来提供更多的可能性和机会。

新冠疫情改变了授课方式，但不变的是老师的奉献精神

新冠疫情期间，与以往的线下课程不同，我们的课程全面转向了在线课程，老师们也明显感觉到了新的挑战和困难。在这种情况下，国教院的老师们坚持把学生的学习放在首位，努力研究线上教学的特点，顺利地开展了线上教学。

首先，老师们为在线课程做了系统的准备，以数字文本的形式为学生们提供了教学资料和教材，并利用在线学习平台系统地组织了教学，这使得学生在家中就可以获取课程所需的资料，并实现连续性的学习。其次，老师们努力在网络环境中保持互动和沟通，通过实时在线课程活跃与学生之间的互动，通过在线讨论和团队项目促进学生之间的沟通和合作。

此外，为了减轻在线学习的孤立感，老师们为我们提供了很多心理支持。比如在校园樱花盛开的时候，老师们通过户外直播的方式带我们"云上赏樱"，让我们身临其境，让我们感觉到好像从未离开武汉大学一样。

在困难的情况下，老师们尽了最大的努力帮助我们成长，教会我们如何正确面对人生突如其来的困境，老师们的关爱就像一道光照亮着我们前进的道路。

温暖的关心和爱

刚开始来到中国的时候，我也感到很不安，因为语言和文化的差异，在日常生

活中也经常遇到困难。但是老师们一直在支持我，帮助我。例如，老师们为我们的生活提供了很多指导和建议，在我们遇到困难时总是向我们伸出援手。多亏了他们的关怀和支持，我在异国他乡少了孤独感，在安全舒适的环境中度过了留学生活。我总是记得，有一次我生病了，但由于不熟悉中国的医疗体系，在医院就诊时遇到很多困难。是国教院的老师送我去了医院，陪我一起看病，像我自己的父母一样照顾我。

不仅如此，在我学习上遇到困难的时候，老师们会鼓励、开导我，为我提供指导建议。比如在我写毕业论文过程中，从查找资料、如何安排论文结构到论文的字句，老师们都细心帮我修改，给我提出了很多建议。老师们所做的这一切都成为了我学习的榜样。

现在我虽然在上海交大学习，但是一有机会我就想回到母校，因为那里有我亲爱的老师和我难忘的大学生活。最后，我想通过这篇文章表达我的衷心感谢，感谢老师们给予我的爱和关心，感谢老师们对我的指导和人生教诲，与老师们的缘分将是我一生珍藏的宝贵财富。我也希望通过不断地努力，成为更好的自己，成为能为社会作出一些贡献的自己，以回报老师们对我的培养。

武汉大学，我爱你。

我在武大浇灌了梦想之花

讲述人：阮氏娴　来自越南，毕业于武汉大学汉语国际教育专业（硕士），担任越南河内大学中国语言文化中心汉语教师，在脸书（Facebook）上创建了"趣味汉语"公众号并分享汉语学习知识。

　　来到美丽动人的中国并学习美妙绝伦的汉语，是我人生中无比幸运的美好。记得当初选择汉语仅仅是因为对汉语真挚的热爱，对中国怀有好奇之心，但大学四年的汉语学习过程，让我对汉语乃至中国有了更深的了解，也渐渐地爱上了通过汉语了解到的中国。在这个过程中，一个平凡无比的我有着一个不平凡的梦想，那就是成为一名优秀的汉语教师。我一直相信可以用自己的热爱感染每一个在我课堂上触及汉语的学生，让他们也像我一样能够接触这奇妙又充满魅力的语言，也有机会了解到中国博大精深的文化和源远流长的历史。在兼职教中文时，这是我一直追求的目标，但同时也给我留下了一个值得慎重思考的问题：一名优秀的中文教师，仅仅传达正能量和书上的内容是远远不够的，最好能亲自去中国感受这令人着迷的一切。因此大四那一年，我就下定决心申请来中国学习，努力争取机会来到美丽动人的中国学习，之后回国传播美妙的汉语。

　　我很幸运，2021年如愿以偿被武汉大学录取，开始实现梦想之旅。因为疫情的原因，我上了一年的网课，在越南的那段时间里，我总在憧憬在美丽武大学习的场景，这样的画面经常浮现在脑海里。如果兴趣和梦想不被培养将会随着时间流逝而程度日减，而幸运的是武汉大学使我可以在更大的世界深造自己，拓宽自己的文化视野，提高自己各方面的能力，同时为以后成为优秀的中文教师打下牢固的基础。等待是一个孤军奋战的漫长过程，但好在有导师和同学的鼓励帮助，我一直保持积极的学习状态。2022 年 9 月 17 日我坐上飞机前往中国。中国行终于如愿以偿，这是我梦幻之旅的启程。

这是我初次踏上中国大地。收拾行李去中国时，我心中百感交集，有激动、期待，也有小紧张，但更多的是开心，幸福感满满。在中国的防疫政策下，我要先在杭州隔离 10 天，隔离完才能从杭州飞往武汉。那一份期待和幸福的感觉如今记忆犹新。我抵达武汉大学时，已日落西山。夜里的武大很美，第一次来到武大的我，心中却有种归属感，也许是一直以来在我的憧憬和梦里都时时刻刻显现我在武汉大学的画面。我在这段时间里一边学习一边欣赏武汉之美，之前了解到武汉的黄鹤楼自古就有"天下绝景"之美誉，我也首次感受到历史文化名楼之美，特别开心，带着对汉语的热爱踏上了探索美丽中国的旅程。中国有一个成语叫"爱屋及乌"，到了中国来到武汉之后就有切身体会，心里有一种特别奇妙的感觉，感觉周遭的一切都变得如此可爱，或许当你真心喜欢某样东西时，它也在用同样的方式对待你。

武汉大学真的很棒，身边的每一位老师和同学都是一个励志故事，使我能够从大家身上学到许多。在武大学习的这段时间里，有很多恍然大悟的时刻，是在学到新知识时；也有很多温暖的时刻，是被老师和同学关心时。子曰"知之者不如好之者，好之者不如乐之者"。我带着对汉语的热爱、对武大的喜爱去对待我在武大的每一堂课。来到武汉大学，身临其境沉浸其中，让我能够深入、全面地发展之余还可以欣赏珞珈之美。在越南每次有同学知道我即将到武大学习，都对武大的美景赞不绝口，来了之后我看到武大的美丽确实是名副其实。天生喜欢绿色的我，走在武大校园的树林之中，心情舒畅无比，走在这里我觉得自己走的不是普通路，而是拥有活力和希望的追梦道路。珞珈之美名不虚传，武大的每一个角落都是天下绝景，我情不自禁地拍了下来。但如果问我对武大印象最深的地方，除了自己的文学院，我会毫不犹豫地回答：武大图书馆——精神文化的聚焦点，书香的味道将使你无法停下努力的脚步，每次进图书馆我都怦然心动。2023 年 6 月 25 日，需要完成离校手续的我前往图书馆。我到图书馆提交自己的纸质论文，签字离开后发现无法刷卡进图书馆了，刚开始我以为是学生卡出了问题，之后才知道是完成了离校手续就再没有权限进图书馆。当时我感到一阵伤感，突然好想哭，我爱这个地方，我爱武汉大学，一点儿也不舍得离开，所以在校的同学们，有机会就去图书馆——神圣而又充满知识的地方学习吧。

  武汉大学是无数人梦寐以求的地方，也是我曾经以为的远在天边的梦想，但是通过自己的努力如今已经如愿，我已身在其中，可以跟武大有更多的交流和沟通。我来武汉大学快一年了，见证了武大的树叶从绿色演变到金黄，再从金黄变成今天的绿油油，一切的景色也像我在这里学习的每时每刻，从朝气蓬勃地探索武大的每个地方再到沉浸于写论文的高峰期再到最后获得满意的成绩并顺利毕业。成为中文教师的梦想在我对汉语的热爱中发芽，在美丽的武汉大学里不断地发展。来武汉大学学习给予我满满的收获，包括知识、友情、热爱、决心、启发。这一切都将成为我追求梦想路上珍贵的行囊。武汉大学也时刻使我体会到自己的不足，如何将各位老师讲的知识揉进自己的知识体系之中，我为之探索，为之努力。人言只有离别才更加珍惜，如今我深有体会，走在武汉大学，每个地方都充满着美好的回忆，我真的不想离开。我安慰自己说也许离别是为了更好地重逢。说实话，申请硕士我也从未想过被武汉大学录取，这次的确是我与武大的美丽邂逅，但是硕士毕业后，如果要成功申请武大的博士，那就不是偶然，也不是偶遇，是我做好了充分的准备，追求我一直向往的武大。

  此时此刻，我心里百感交集，有开心，因为自己很快就完成了当前的学习目标，可是即将离开充满文化气息、如诗如画的武汉大学，我感到万分难舍。如果说汉语本身就有一种魅力在支撑着我前行，那么另外一股支撑我的动力就是学习汉语、追求梦想的道路上遇到了无比优秀的老师和积极热情的同学。就像在武大学习，我的导师教导我："阮氏娴，毕业论文不是为毕业而写的，需要发自内心才能写出有意义，有价值的内容。"就像我们班的同学跟我说："小娴，在越南上网课也不要难过，有问题随时问我们，我也将把课堂上的内容记录下来发给你。"我感到无比幸福。这就是我在武大浇灌了梦想之花的故事，感谢武大使我的梦想绽放光芒。

求学珞珈山

讲述人：罗佳　来自乌兹别克斯坦，武汉大学国际教育学院 2021 级汉语言专业在读本科生。

中国是世界上人口最多的国家之一。它是一个极其多样化的国家，从古老的文明中演变而来。它是 56 个民族的家园，每个民族都有自己的习俗和民族美食。各地的地方色彩每年都会吸引成千上万的游客和学生。

中国的教育正在蓬勃发展，正如其整个国家的经济发展那样。就科学出版物的数量而言，很多大学已处于世界领先地位。中国为国际学生提供了许多助学金和奖学金选择，其教育不仅前景广阔，而且费用比欧洲和美国便宜，拥有很大的竞争力。更重要的是，质量同样很高——许多中国大学在国际排名中已经超过了西方同行。

中国的教育是高质量的和现代化的，中国的大学非常注重为学生创造广阔的全球机会。中国的大学通常有自己的校园，校园里配备了你所需要的一切，让你的生活和学习更加方便充实。在申请中国大学之前，我彻底研究了有关在中国城市生活和学习的所有信息。最终，我选择了武汉大学。

这些古老的建筑，以其东方和西式建筑的和谐结合，创造了一个有利于学习的愉快氛围。各种珍稀植物和树木使大学校园成为一个天然的植物园。武汉大学有好几个不同的园区，每个园区都是一个大花园，每个花园都有自己独特的特点和情调。在樱园，除了主要的樱花树外，还有其他开着五颜六色花朵的树木。每年冬季结束后，当李子开花后，先是早樱，接着其他的樱花树都会开花。在很长一段时间里，整个校园就像一片花海；成千上万的游客和当地人来到这里，欣赏这种美景。很多人说，

"要想在三月欣赏樱花，一定要去武汉大学"。

我想从头说说我作为一个生活在中国的留学生的故事。我是在 2022 年 10 月第一次来到中国的。当时正处于隔离期。当我收到大学邀请函的那一刻，我欣喜若狂，因为我已经等待这个机会很长时间了。但我也被一种怀疑的情绪所笼罩。毕竟，现在是隔离期，我能够正常地安顿下来吗？我能了解我的老师和同学们是怎么样的人吗？我是第一批到达中国的学生之一。尽管我有恐惧和疑虑，我还是决定踏上我期待已久的第一次中国之旅。由于检疫的原因，我们不得不住在我们的航班所在城市的一个旅馆里。因此，我们在西安一家非常漂亮的酒店里待了一个星期，然后就来到了武汉。

我在武汉的第一个月有点儿灰暗和悲伤，最大的困难可能是到了新的环境，缺乏亲密的人——他们可以帮助我更快地适应另一个国家。但是，在我们生活的道路上，任何困难都会使我们更加强大。在我生命中的那个时刻，我最充分地认识到了这一点。

尽管如此，我还是开始一点一点地探索这所大学，一些有趣的、神秘的地方给我留下了深刻的印象，因为我一生都对艺术感兴趣，我的整个童年都是在祖国的博物馆中度过的。每天傍晚，我都会来到同一栋建筑前，墙壁上镌刻着图片，更确切地说，是我们大学历史的一部分。重温这些镌刻的图片对我来说是最有趣的消遣，因为你看这些图片越多，你就越能认识到你的大学之美。

由于武汉大学占地面积很大，我花了一个多月的时间才熟悉了学校。我们的教学楼是我们上课的地方，它将永远留在我的记忆中。这是一栋四层楼的建筑，里面有很多教室和优秀的老师。这里对我来说不仅是一个学习和启蒙的地方，也是一个慰藉和敬畏的地方。每天临近傍晚，我都会去那里做功课，因为这里是我注意力最集中的地方。让我感到惊讶的是，每一层楼都有饮水机，学生们可以在休息时间带着水壶来打水，事实证明这非常方便。

同样重要的是大学的校门，它们分布在整个大学的周围。在我的国家，所有的大学都只有 1 个或者最多 3 个校门，这给学生的生活带来了一些不便。此外，武大的宿舍也让我安心。在我们国家，外国学生的宿舍也在校外，这对于远离家乡的学生来说是非常不方便的。但是武汉大学校内有很多留学生和中国学生的宿舍。我现在住的宿舍是女生宿舍，我认为这非常方便，因为你可以在宿舍里自由活动。另外，我想说的是，学校的门卫非常尽职尽责，不会让陌生人进入宿舍，他们对每个学生都了如指掌，这让我非常有安全感。

　　另外，我还想说说大学食堂，菜肴种类繁多，厨师手艺精湛，做出来的饭菜非常美味可口。在武汉大学的最初几天里，对我来说至关重要的是尝试所有我以前没有尝试过的新菜肴，比如虾、西红柿炒蛋和我曾经最喜欢的热干面。校园里有很多食堂，可以满足从汉族到少数民族的各种口味，这为武汉大学穆斯林学生的生活提供了极大的便利。我们每天都会和朋友一起去食堂吃我们习惯和喜爱的食物，享受那里的味道和氛围。

　　我们的校园里有公交车和出租的自行车，学生们可以用它们在校园里穿梭，这给我们的生活带来了极大的便利，因为武大太大了，从一个校门走到另一个校门可能需要四十多分钟。

　　学生是大学的重要组成部分。无论是外国学生还是中国学生，他们都非常认真和勤奋地学习，因为武汉大学很有名，很多学生都想证明自己在这所大学里的位置，证明自己有资格在这里学习。我在大学里的中国朋友并不多，大部分时间都和我的朋友在一起，我们一起学习中国语言和文化，所以我们总是有话题可聊，我们的谈话也不会变得无聊。

　　我对中国人有一些有趣的观察。我注意到，他们在交流时非常谨慎。如果他们觉得不舒服，就会马上停止谈话。因此，如果你想对中国人说些什么，你必须尝试用暗示、语言和非语言的方式传达信息，以免把他们吓跑。我不止一次地确信，中国人是一个重视集体的民族。我曾多次目睹一个外国人在公共场所向工作人员求助的场景。这位外国人所接触到的专业人员开始可能会有点儿惊慌失措，但其他工作人员马上会聚集在他周围，大家一起解决这个问题。同时，他们也在互相交谈，试图一起解决问题。而在这种情况下，从来没有一个明确的领导者——他们总是作为一个团体行动。在我的国家，情况恰恰相反：每当有压力的时候，团队就会确定一个承担责任的领导者。

　　来中国后，我的生活发生了很多变化，与父母的分离可能是我旅程中最困难的部分。但是，在学校生活给了我许多机会，我有时仍然满怀敬畏，因为我在一个完全不同的国家，周围是完全不同的人，有着不同的文化和世界观，这使我们更加独特。

　　到了第二季度初，我们开始线下学习。我对此有一些复杂的感觉。一方面，这意味着我们将能够比在线课程更深入地沉浸在学习过程中。我将有机会更多地了解我的同学和老师，这在我们的联系中最终起到了很大的作用。当我们在网上学习时，很难知道谁是谁。线下学习带来了真实的情感和感觉，特别是关于老师的。

但另一方面，对在线学习的依赖也很难从我的心里挤出来，因为可以不离开房间，有时甚至不离开沙发就能学习，不比在教室里差。网上学习的主要优势可能是方便。

最后，在回顾了利弊之后，我的看法是，离线学习比在线学习要好很多倍。我更了解我的老师和同学，我们变得非常亲密，甚至可以说是一家人。对于国际学生来说，课程的形式非常有趣，这有助于我们更好地专注于所学的材料。无论一个学生多么有天赋，多么勤奋，如果老师教的是枯燥和单调的课程，学习就不再是一件令人愉快和理想的事情。多亏了我们的老师，我的中文水平才得以提高，尽管我的中文远远落后于我的同学，他们中许多人都已经通过了 HSK6 级，但我的老师从第一天起就一直鼓励我，这促使我在学习的两年里通过了所有的考试。

我仍然清楚地记得我第一年的情况，当时我打算放弃了，因为我的同学们已经可以说流利的中文，但我连一篇短文都读不懂。于是我一字一句地和我的老师讨论，跟她说我想放弃学习，告诉她这对我来说非常困难，我无法应付。

我的老师告诉我，不要仰望你的同学，要仰望过去的你，过去的你一个字都不认识，对中文一无所知，现在完全不一样了。你可以做到的，我相信你。

这些话极大地激励了我，我以高分通过了所有的考试。我记得考试结束后，老师用喜悦的声音说："我告诉过你，你会做得很好，我为你感到骄傲。"那一刻，这些话让我感激的泪水夺眶而出，因为曾经的我不相信自己的实力。

总而言之，现在的我是一个有时间就会积极学习的学生。这对我的语言进步有很大影响。我访问了中国的许多城市，其中一些旅行，如北京和深圳，是由学校组织的。所有这些在中国未知地区的旅行将在我的记忆中停留很长时间，因为在这段时期我感受到了学生生活的所有魅力，这使我成为今天的我。我身边有很多不同国籍的人，非常好的人，包括外国人和中国人，他们都成了我的家人，我已经感觉中国是我的第二个家了。

最后，我想说，中国在很大程度上是我生活的一部分，是我的一部分，在中国的经历是我通往未来成功的旅程。我感谢生活给了我这个机会，在这里学习，通过勤奋和努力，可以获得荣耀和荣誉。我感谢我的老师和朋友，因为他们总是愿意在困难的时候支持我，给我建议。如果有必要，他们总在我身边。作为一个在中国学习的留学生，我的生活中充满了无法用语言表达的印象，而且非常多样化。我们是我们未来的创造者。每个人都可以达到任何高度，最主要的是要努力尝试。

我和武大的故事未完待续

讲述人：陈甘霖　来自马来西亚，2020年9月起就读于武汉大学工商管理专业，曾获武汉大学国际学生中文写作比赛第二名。

经过长时间的奋战，全球战胜了疫情，人们终于重获自由，生活逐渐回到了原有的轨道上。最令人兴奋的是，我终于能以"大三新生"的身份开始期盼已久的大学生活，我终于能够"回珈"了！回想起2022年10月刚到上海隔离10天的日子，还真的是一场充满未知数的旅程。如今能够顺利来到武大继续留学之路，心里真的很感激所有奋战在一线的抗疫英雄们。

终于回珈了

2022年11月1日，一批久违的国际学生终于来到了武汉大学。他们当中，除了少部分学长和学姐曾经到过武大，更多的是和我一样的从未踏进过武大校园的"大三新生"。

刚到学校，我对这里的一切事物都感到非常新奇。我甚至不敢相信自己真的已经身在武汉大学的校园之内，仿佛昨天的我仍在线上上课，一瞬间就跨进了现实的课堂，屏幕上的老师和同学们活生生地出现在了我的眼前。这种感觉真的好奇妙！珞珈山不再是网络上的图片，我也成了画中人。武汉大学，我终于来了！

还记得当时武大的秋天着实让我着迷，校园内的树叶是金黄色的，其中还掺杂着一些红色的枫叶，犹如一幅色彩斑斓的画卷展开在眼前。趁着周末没有课，我和同学们一起漫步在校园的林荫道上，阳光透过稀疏的叶片洒落下来，让我们感受到融融的暖意。看着眼前充满历史韵味的樱顶和老斋舍，听着学长和学姐们聊着以前的留学趣事，自己好像也已开始谱写专属于我的武大故事。

学术与青春活力交织的校园氛围

在此之前，武汉大学在我的脑海中是一所有着厚重历史、学术氛围浓厚的百年老校。但当我开始了解武大后，我发现了武汉大学的另一种特质。她不仅历史悠久，学术氛围浓厚，更到处洋溢着青春的力量。

在武大校园里，时常看见的是三三两两的同学们在荫凉的大树底下捧着书，享受着在书海里遨游的时光，仿佛周围的喧嚣都可以置之一旁，只安静地与自己相处。

而无处不在的运动场所，却又从不空虚寂寞。有次傍晚时分，我偶然经过桂园操场，不禁心生赞叹，武大学子们除了学习能力出众外，也都好有青春活力！跑道上，同学们你追我赶，尽情地挥洒着汗水。足球场、篮球场、排球场、网球场上，处处跳跃着阳光少年们的身影。

记得有一幕让我十分有感触，当时篮球场上还活跃着一位年迈的白发老人，他正对着篮筐不断地练习投篮。老人依旧矫健的身姿让我停下了脚步，静静地站在一旁注视了许久。虽然岁月不饶人，但想必这位老人年轻时也曾是一名热爱篮球运动的少年吧。这让我不禁想起中国人常说的一句俗语——"生命不息，运动不止"，也让我衷心佩服中国人的精神。

宝藏美食与外卖服务

不得不说，武汉大学校内的美食确实非常多样化，让人眼花缭乱。除了传统的川菜、湘菜、粤菜等中餐，还有许多其他国家和地区的美食，如韩式烤冷面、日式咖喱等。无论是本地学生还是来自其他地方的同学们，都能找到适合自己口味的食物。

外卖服务更是 YYDS，美团、饿了么这些大的外卖平台就不必说了，学校附近的餐馆和小吃摊也通常会有自己的微信群组或小程序，方便学生们在线上订外卖。这种便捷的外卖服务确实方便了校园内的学生，特别是在忙碌的学习生活中，可以在宿舍或教室里享受美食，既省时又省力。相比之下，在马来西亚，如果想要享用某家餐厅的美食，一般需要亲自前往餐厅用餐或打包带走，或者通过外卖平台下单，然后等待外卖送达。在马来西亚的外卖服务中，餐厅和外卖平台之间的合作比较常

见，而学校内部的微信群组或小程序提供外卖服务的做法相对较少。这方面的差异，真实地反映了中国电商物流行业的影响力。

除此之外，更让我感到惊讶的是，在中国买菜竟然也可以在线上实现。在我过往的经验里，买菜得去菜市场或超市，而来到中国后才发现，原来买菜也可以通过"美团买菜""盒马鲜生"等线上平台轻松搞定。这真的让我大开眼界，同时也对中国的电商物流业感到十分佩服。这种在线买菜的方式给人们带来了很多好处。首先，我们不需要为了买菜而特地跑到菜市场或者超市去，免去了排队和拥挤的烦恼。其次，通过平台上的详细信息和用户评价，我们可以更好地了解商品的品质和口碑，作出明智的选择。线上买菜的形式真的十分特别。

可爱的校园明星

说到武汉大学，让我最惊喜的是，校园里有一群特别的明星，它们既不是学生也不是老师，却备受关注和喜爱。它们是一群可爱的猫咪。这些毛茸茸的小动物已经成了校园中一道亮丽的风景线，深受师生宠爱。每天，当阳光洒在校园的角落时，猫咪们开始自由自在地闲逛。它们有的躺在草地上晒太阳，有的蜷缩在树下小憩。它们时而悠闲地舔舐毛发，时而调皮地追逐彼此，给校园增添了一份活力和快乐。

如果你和我一样，是一位爱猫人士，那你一定会注意到武汉大学随处可见喵星人的踪影。比如赫赫有名的"黑猫警长"，我常常在南二门看见它尽职尽责地"站岗"。"黑猫警长"几乎每天都会出现在那儿，不仅白天在，晚上我们回到学校也会看见它蹲在校门旁。它就像我们的长辈一样，白天叮嘱我们出去玩时要早点"回珈"，晚上又守在门口盼着我们的身影出现。

身为留学生的我真的被这个充满爱心的环境深深地打动了。在马来西亚，我们很少有人会为流浪猫而放慢自己原本的步伐，好多人也会因为害怕猫癣而不会轻易抚摸流浪猫，更加没想过猫咪竟然也会在校园里备受关注和喜爱。但在武汉大学，大家都会有默契地保护这些可爱的校园明星，大学生们更会通过这些猫咪主动结交到新的朋友。

热情的中国人

作为一名留学生，结交热情的中国朋友是一种很美妙的经历。刚进校时，我对这个陌生的环境并不十分适应。语言上的障碍和文化的差异让我感到有些困惑，但我很快发现，武汉大学的学生和教职员工都非常友善和乐于助人。无论是班上的中国同学，还是宿舍的管理人员，抑或是负责留学生事务的辅导员及各位老师，他们在我的留学生活中都给了我很多的帮助和关怀，让我独在异乡也能感受到温暖。

中国人的热情常常体现在他们对于语言交流的态度上。尽管语言可能存在障碍，但他们通常会尽力用英语或其他方式与我交流，帮助我解决问题。同时，他们也常向我介绍一些常用的中文词汇和表达方式，帮助我更好地适应生活和学习环境。

此外，我认识的大部分中国人也喜欢结交来自不同文化背景的朋友，这反映了他们对于不同文化的好奇心和尊重的心态。我对此感到十分欣慰，因为之前也曾担心会不会因为文化的不同而产生交流上的障碍，进而交不到好朋友。但通过与中国同学相处，我发现他们每一个人都好善良，对待留学生也真的很热情和尊重。通过交往，我也有机会了解中国的历史、文化和传统，拓宽自己的视野，并与他们建立深厚的友谊。

有机会来到中国留学，结识热情的中国人，相信对于像我一样的留学生来说是一种宝贵的经历。他们的友好和热情让我们在中国的留学生活更加丰富和难忘。同时，与他们建立的友谊也会成为我们在中国的宝贵财富。

未完待续

尽管刚来武大时，我感到过陌生，有过不知所措，但经过短暂的适应，我很快就融入了这个大家庭。我结识了来自世界各地的优秀同学，我们一起学习、讨论、互相帮助。他们的热情和友善让我感受到了家的温暖，让我在异国他乡找到了归属感。在武汉大学的学术环境中，我收获了宝贵的知识和经验。优秀的教授和导师们给予了我悉心的指导和支持，他们激发了我对学术的热爱和追求。

在接下来的时光里，我期待能够深入了解武汉这座城市的文化和历史。我想探索武汉的风景名胜，品尝当地的特色美食，感受这座城市的独特魅力。我希望通过与当地人的交流和互动，更好地了解中国文化，并将这段珍贵的经历带回自己的国家。

我在武汉大学的收获

讲述人：朱风（TCHOUFONG GUENAUL）　来自喀麦隆，2023 年春季学期中级 2A 班汉语进修生。参与了 2023 年暑假巴黎西岱大学孔子学院游学团到武汉大学期间的志愿服务工作。

五年前我在喀麦隆的大学学习物理，因为经济困难，不得不退学到处打工，想办法挣钱养活自己。2019 年，我到当地一家中国人开的汽车修理厂工作，认识了一些中国人。我的叔叔会好几种外语，也在那里当翻译。我意识到如果掌握一门外语，特别是中文，就会得到不少机会。那时起，我开始白天工作，晚上去当地雅温得第二大学孔子学院学习中文。其实学习外语也是我的爱好，除了英语和法语，我之前在学校还学习过德语。在学习中文的这几年里，我也逐渐爱上了它。其词语结构别具一格，看似简单的语气词能传达丰富的情感，特别是中文的字符，表现出艺术的一面，乍一看无法接近，需要克服心理上的畏惧，经过艰苦不懈的自我挑战才能理解和亲近它，我恰恰就是个喜欢挑战的人。

2021 年我终于通过了 HSK4 级考试，2022 年 9 月我虽然注册成为武汉大学的汉语进修生，但一开始受疫情影响仍然留在喀麦隆上线上汉语课，直到 2022 年 11 月，我终于来到了武汉大学。武汉大学的校园比我想象中更美丽，而武汉市也是一座让人惊叹的现代化的大城市，在这里学习让我充满动力。我很快适应了这里全中文的环境，每天都使用中文与本地人打交道，这让我汉语进步很快。在这里我还读到了一些中国著名作家的文学作品，比如鲁迅，还有一位当代作家朱风，我的中文名有幸和他一模一样。其实我还有一个深藏心底的梦想，就是成为一名作家，希望有一天能够用中文写出至少一本书,来记录我在这段时间内的感受。

在武汉大学除了上课学习,我还有机会参与各种校园活动,例如来华留学生中文歌曲大赛、演讲比赛、主题征文暨摄影大赛等。6 月期末考试结束,暑假还没开始,办公室的刘焰主任交给我一项任务,就是让我作为 2023 年度武汉大学暑期国际夏令营的志愿者,接待一个来自法国巴黎西岱大学孔子学院的游学团。这个团有九名学员,他们要在武汉大学学习两周,不仅有中文课,还有一些文化考察和实践活动。因为我能说法语和中文,可以协助他们在武汉大学的生活和学习,帮助他们与中国人沟通。我确实没有预料到志愿者的工作这么繁琐,在他们到来之前,我们就夜以继日地忙碌了一周,做好各种准备。他们一到武汉,我的日程安排就更忙碌了,他们几乎需要我随叫随到。上午我会协助他们的中文课程,下午则是在一些文化考察和实践活动中提供翻译等服务。游学团的活动经常持续到夜晚,以至于我时常忘记了吃饭。通过这次志愿者的工作经历,我体会到了中国老师和行政人员日常工作的不易,我从心底敬佩他们的责任心和不厌其烦的耐心。

感谢武汉大学让我有机会参与这次夏令营的活动。实际上我在志愿服务的同时,也在学习和体验。通过这些活动我对生活了将近一年的湖北省和武汉市有了更多了解。我看到了规模庞大的武汉天河机场、闻名遐迩的黄鹤楼、充满艺术氛围的湖北美术学院、小巧现代的昙华林视觉图书馆。这座城市包容了不同的建筑流派,湖北省博物馆、武汉城市规划博物馆、汉口江滩租界建筑群,体现出中西文化的交融。短短两周,除了中文课,我也体验了太极班、草坪音乐节、传统音乐会、书画工作坊、

朱凤和法国巴黎西岱大学孔子学院暑期夏令营学员在一起

非物质文化遗产楚香制作工作坊。我们甚至利用周末的两天时间坐动车到了六朝古都南京，学习了魏晋、明清和国民时期的一些历史知识。这些活动让我能从中华文明的发展中更深刻地理解中国现在的发展成就。

我每天都为中国人民尊师重教的文化底蕴、勤恳劳作的奉献精神、诚实守信的个人品质而感动。最让人敬佩的是，每个中国人都在自己的工作岗位上认真踏实地工作着。我相信有这样的人民，国家的奋斗目标一定能实现。

我对在武汉大学收获的一切心存感激。特别要向这一年中我在这里遇到的优秀同学们致敬，也向指导我们的老师们，例如杨开杰老师、范小青老师、周颖菁老师、吉晖老师致敬；同时致敬学生办公室的全体老师，特别是感谢谭瑞欣老师的支持；我还要感谢夏令营期间认识的一起辛苦工作的老师们，例如程娥老师、罗曦老师、潘田老师。非常感谢武汉大学国际教育学院的所有老师。说白了，没有你们就没有我的今天。

我即将离开这里继续我的下一段旅程，然而武汉大学传递给我的"自强、弘毅、求是、拓新"的精神已经成为我的烙印，这也是不可磨灭的宝藏，在武汉大学的这段短暂而精彩的日子将是我一辈子的珍藏。Loin des yeux mais proche du cœur（眼不见，心挂念）。

感恩遇见，感谢有你

讲述人：梅金银　来自越南，武汉大学国际教育学院 2022 届汉语言专业本科毕业生，2023 级国际中文教育硕士研究生。在其本国从事专业外贸公司的进出口业务工作，同时，还在越南担任过汉语教师。在武汉大学学习期间，获得武汉大学优秀国际学生奖学金成绩优异一等奖、"诗韵华诞、礼赞中华"经典诗歌朗诵比赛二等奖等诸多奖项。

"雁过留声，人过留名"，匆匆的生命，总会留下一些深刻的记忆。在我最美好的青春刚好遇见你——武汉大学。感恩遇见，感谢有你。

缘　起

对我来说，汉语是一种神奇的语言。我爸爸是导游，他经过二十多年认真努力地学习汉语，汉语已经说得像中国人一样地道了。我很羡慕我爸，也羡慕那些可以讲一口流利汉语的人。我觉得汉语是世界上最美的语言之一，发音悦耳，文字优美，不论是说还是写，都透着浓浓的文化深意。在爸爸的影响下，不知不觉地我爱上了中国，爱上了汉语。"机不可失，失不再来"，这是我最喜欢的一句中国古代俗语。每当机会来到你面前，需要你展示出自己的能力时，如果你没有把握住机会，只是一味退让、躲避或是抱怨，那么恐怕那个机会再也不会回来了。我的妈妈原本一直不想让我出国留学，担心我吃不好睡不好，所以高中毕业时，当父母在我的劝说下终于同意让我到中国留学时，我知道我的机会来了。通过朋友和老师们的介绍和推荐，我毅然地选择了我青春的下一站——美丽的武汉大学。

2018 年，我第一次走出国门，来到中国留学。在中国留学两年，我觉得我认识的中国人都很友好、很善良，他们常常给予我很多帮助，让我看到一个真实的中国的样子。还记得我去北京旅游的第一天，晚上快 11 点了，我想买大蒜。大蒜？是的，是大蒜。因为我的身体对周围的环境非常敏感，所以到了一个陌生的地方总睡不着觉。我妈就告诉我一个小妙方：只要把大蒜放在枕头底下就可以安心睡到自然醒。我们那时正在糊里糊涂地一边查地图一边东张西望找市场，一位叔叔突然走过来，热情地问："你们想去哪儿？找不到地方吗？"这句简单的问话，给了我很大的温暖。这些向我伸出援手的友善的中国人总是打动我、温暖我，让我一个身处异国的人常常感到被关爱。也因为这些普通的中国人，我对中国有了更深刻的感情。

来到武汉大学以后，我更感受到了武大国际教育学院老师们的热情，他们不仅教会我知识，更让我看到了中国老师们的优秀品质。三年疫情的特殊情况对我们的学习造成了很大的影响，但是老师们一直费心考虑最适合我们的学习方法，用心关爱我们，教育我们，尽可能降低疫情对我们生活和学习的不利影响。经过两年的中国留学以及几个学期的线上学习，我终于顺利毕业了。我的本科毕业论文还获得武汉大学优秀学士学位论文，这让我对自己接下来的学术生涯有了新的计划和憧憬。我希望能够继续留在武大攻读研究生，续写与武大的缘分。虽然整整五个学期，我们不能一起在武大校园里学习、一起度过那些美好的日子，这真是遗憾，不过我还是深深感受到了武汉大学国际教育学院的老师们对我的爱，这份爱在我心里埋下了怀念的种子，让我对中国不仅仅只是当初的好奇与向往，更是现在心里那份由衷的喜爱。

一路指引

我本来是武大国际教育学院汉语言专业的学生，大三的时候由于生活和工作的关系我决定换一个更适合我的方向，后来经过深思熟虑我选择了商务汉语方向。我在做这个决定的时候也曾十分焦虑，从和父母和老师们，甚至我和我好友的日常聊天中，我无数次地了解到：选择大学的专业是人生道路上一个重要的转折点，我认为它不仅关乎我的学术生涯，甚至和我的职业生涯、今后的生活都有着密切的联系。毕业后，我从事专业外贸公司的进出口业务工作。上学的时候我常常幻想："毕业后能做一份自己喜欢而且合适的工作是一种什么体验呢？"如今，我深切地感受到了武大的这个专业带给我的"小甜蜜"。能把在大学里学到的知识用到实际的工作中，觉得学有所用，觉得自己没有虚度宝贵的青春，这种感觉真的太棒了！

除了商务汉语，我还在越南从事了汉语教师的工作。现在在越南选择学汉语的人越来越多，大多数是为了找到一份好工作而学习汉语。我不仅教大人汉语，还教小孩子。在做一名本土汉语教师的过程中，我常常想起武大的老师们，回想他们教授的方法，他们对我的影响给了我很多的帮助。工作中我深刻地体会到教师的工作和任何一行一样，需要考虑你的心理承受能力，考虑物质待遇，考虑工作环境。有热忱用爱发电当然好，但正因为有热忱，可能更需要用不断成长的理性去保护这种热忱，让我能够不忘初心。这份动力不只是头脑发热，而是源于一开始选择的时候就擦亮了双眼，做了明智的选择，那就是当初选择了汉语、选择了在武大留学。如今，我仍然非常庆幸那时候的选择。它让我的梦想插上了翅膀成为了现实。不仅如此，现在我还能帮到那些跟我一样怀着同样梦想的人。感谢有你，带给我这么多美好的回忆，也带给我这两份特别好的工作，感谢你的一路指引，让我很享受现在的生活，让我开心、快乐、有成就感，让我相信我和中国、和武汉大学的缘分还会继续延续下去。

想念与期待

在中国的时候就想回老家，而回了老家却常常很想念在武汉的日子。我想念武汉的长江大桥：周末不知道去哪里玩时，我都坐地铁到长江边看风景，或者坐轮渡游船到江汉路逛逛街、散散步。在我的印象中，武汉人山人海，繁华热闹。武汉的路边，总有新鲜事物等我去发现。热干面自不必说，那是武汉最有特色的美食。楚河汉街附近的酱香小土豆、无名氏臭豆腐也令人口水直流。

今天老家下大雨，我就想念在武汉连绵不绝的雨。地上的积水浸湿了裤脚，更打乱了为拍照精心梳洗的头发。在我心中，武汉是有温度的，即使丝雨绵绵，也挡不住武汉的温暖，挡不住武汉人的真诚。我想念武汉，想念在武汉的点滴时光，也盼望着早日重游武汉。希望在武汉大学度过的美好的留学时光都存在每个人的心里。为了能再次回到武大，我申请了武汉大学国际中文教育专业的研究生。很庆幸今年九月我又可以来到这片给了我这么多美好回忆，留下青春奋斗足迹的地方。我想念武大的一切，期待我们九月份再见面的那一刻。

世上有很多事可以求，唯缘分难求。能在中国的武汉大学留学，能跟你们相识，这都是汉语带给我的缘分。中国武汉，这个给我留下了深刻怀念和深深牵挂的地方。敬贺母校 130 年华诞：饮水思源，不忘母校培育之恩。感恩遇见，感谢有你。

My Wonderful Experience of Studying and Living in Wuhan, China

Introduction of the narrator: Dr. Summaira Mubarik   The first Pakistani to graduate early with honour from Wuhan University in 2.5 years. She is also the first foreign female to establish this trend in China. This accomplishment can be attributed to her outstanding PhD performance. She has published numerous SCI research papers with a total SCI impact factor exceeding 350 and nearly 5000 Google citations (H-index 22), and has served as editor and reviewer for a number of international peer-reviewed journals. Dr. Mubarik is currently a postdoctoral researcher at Wuhan University's Department of Epidemiology and Biostatistics, School of Public Health.

Life itself propels us to where we deserve to be. All you need is to have a plan, commit to your goals, prepare, be consistent, and have faith. My story serves as an example. After obtaining a degree in Statistics from Pakistan, my plan was to pursue a PhD in Statistics for my postgraduate studies.

The question arose: Where should I go for this? It is undeniable that China is a symbol of ambition, hard work, and global success. Over the years, the relations between Pakistan and China have shown that China is an ideal destination for Pakistani students. In fact, China's remarkable advancements in academia and research have made it the top choice for Pakistani students. Chinese educational institutions have gained worldwide recognition, attracting students and professionals from all over the globe.

Based on the excellent academic resources, global educational standards, friendly Pak−China relations, and, above all, the warmth and hospitality of the Chinese people, I made the decision to study in China. China has undoubtedly become a second home for the people of Pakistan. The China−Pakistan Economic Corridor project has further strengthened and promoted our bilateral relations, creating opportunities for education, research, trade, and social exchange. I am convinced that China is the best place for foreign students to pursue higher education.

China has gained research prestige in nearly all fields of science and humanities. Its achievements have attracted a large number of students from around the world to start their academic careers in China. The China Scholarship Council has made every effort to support and care for foreign students. For me, receiving a CSC scholarship to pursue my PhD in China was a turning point in my life. Furthermore, the 2020 mission statement by the Chinese President regarding economic targets and achievements has made studying the success and well−being of the Chinese people even more intriguing.

I embarked on an incredible journey in the vibrant Chinese city of Wuhan. I enrolled at Wuhan University, renowned for its academic excellence and groundbreaking research, driven by an insatiable thirst for knowledge and unwavering determination. Wuhan University served as the backdrop for a life−changing chapter in my journey, one that would leave an indelible mark on my memory, influencing not only how I would live but also deepening my understanding of the world and leaving a lasting impression on my heart.

Motivated by burning curiosity and unwavering determination, I ventured far beyond my homeland. Wuhan University enticed me with its reputation for academic brilliance, groundbreaking research, and the promise of intellectual growth and exposure to diverse cultures. Upon my arrival in Wuhan, I was welcomed by the city's vibrant culture and bustling energy. The campus itself was a melting pot of diverse cultures, with students from all corners of the globe united in their pursuit of knowledge. It was a place where ideas flowed freely, fostering an atmosphere of intellectual curiosity and collaboration.

As I delved into my studies, I discovered myself surrounded by accomplished faculty

members and brilliant students who nurtured my intellectual development. Countless hours were spent studying data science at Wuhan University's School of Public Health, where I engaged in innovative research. However, it wasn't just the intellectual environment that captivated me. I was also enthralled by Wuhan's vibrant culture and rich history. Exploring the city's historic sites, I absorbed the stories they had to tell. Amidst the pressures of my studies, the serene beauty of East Lake provided a sanctuary for reflection and meditation.

Throughout my research journey, I had the opportunity to collaborate with fellow students and faculty members on various projects. The spirit of teamwork and camaraderie was contagious, creating a sense of community that transcended borders. Lifelong friendships were formed, as I connected with individuals from diverse cultures, sharing stories and embracing different perspectives.

As I progressed in my studies, I discovered my true passion for harnessing the power of statistics to improve public health outcomes. My research focused on analyzing vast datasets to identify patterns and correlations that could inform evidence−based policies and interventions. Wuhan University provided me with access to cutting−edge technology and state−of−the−art facilities, enabling me to conduct rigorous analyses that would shape the field of biostatistics.

During my time at Wuhan University, I witnessed firsthand the resilience and spirit of the city. Wuhan faced a significant challenge when a novel virus emerged, posing a threat to the well−being of its residents. The outbreak cast a shadow over the city, but the response from the university and the community was nothing short of remarkable. Researchers, including myself, joined forces to analyze data, understand the virus, and propose effective strategies to combat its spread. It was a testament to the unwavering determination and dedication of the human spirit.

After years of hard work, I proudly received my PhD in Biostatistics from Wuhan University. As I bid farewell to the place that had become my second home, I carried with me a wealth of knowledge, cherished memories, and a profound appreciation for the transformative power of education. Wuhan University had not only provided me with a world−class education but also instilled in me the values of resilience, collaboration, and empathy.

My experience at Wuhan University was remarkable in every aspect. It will always hold a special place in my heart because it was within its caring and nurturing environment that I developed my abilities, forged lifelong relationships, and discovered my true calling. Both the dynamic campus and the extraordinary people I encountered along the way profoundly influenced my professional and personal growth.

With heartfelt gratitude, I step into the future armed with the teachings and memories of Wuhan University, ready to make a difference in the world and contribute to the advancement of public health for the betterment of humanity.

一段难忘的卓越之旅

讲述人：何晓娜　来自摩洛哥，武汉大学信息管理学院博士。CGTN 非洲与非中评论和加拿大杂志 *États de Splendeur* 的作者。曾被选为 2020 年中阿合作论坛第九届部长级会议青年代表、长江周刊武汉宣传大使、2020 年摩洛哥青年代表（FOCAC，中国外交部）。荣获"一带一路"旅游大使奖、中国优秀非洲学生奖、联合国教科文组织文化成就奖等众多奖项，投稿入选 2020 年"感知中国——我们的抗疫故事"征文比赛（国家留学基金管理委员会）文集。

我的名字叫何晓娜，来自一个遥远的国度——摩洛哥。它是一个充满神秘感和魅力的国家，而我将我的足迹带到了中国这片古老而又神奇的土地上。在一个阳光明媚的早晨，我带着满满的期待和憧憬，踏上了来华留学的征程。

故事的开端，要从我初次踏上武汉大学的校园说起。那是一个炎热的夏天，我背着行囊，迎着热浪，步入这座重点名校。武汉大学，被誉为中国的"百年学府"，历史悠久，底蕴深厚。当我踏上这片神圣的土地时，我仿佛置身于一个知识的海洋中，不禁心生敬畏之情。

在校园里，我结识了来自世界各地的优秀学子。我们彼此之间讲述着自己的文化，交流着不同的见解，用彼此的语言编织起一幅绚丽多彩的图景。有时，我们一起煮着火锅，品尝中国传统美食；有时，我们共同欣赏中国古典音乐，感受着那独特的韵律。这些交流和互动让我更加了解和喜爱中国文化，也让我意识到世界的多样性和包容性。

在留学的过程中也遇到了许多挑战和困难。刚开始的时候，我面临着巨大的语言障碍。中文对我来说是一门全新的语言，发音和词汇都让我感到困惑。然而，我并没有被这些困难击倒。我积极参加语言培训课程，利用课余时间与中国朋友交流，尽可能地沉浸在中文环境中。慢慢地，我发现自己的中文水平在不知不觉中提高了，我能够用流利的中文表达自己的想法和感受。

除了语言上的挑战，文化差异也是我在留学生活中需要适应的重要方面。中国的文化和习俗与摩洛哥着许多不同之处，但我秉持着开放的心态，积极地去了解和融入中国文化。我参加了中国传统文化的学习班，学习了中国的书法、茶道和绘画等传统艺术形式。我也参观了许多历史名胜，如黄鹤楼、东湖和长江大桥，深入了解中国的历史和文化底蕴。这些经历不仅让我更加热爱中国，也让我深刻体会到了文化的多样性和交流的重要性。

在武汉大学的学习生活中，我也结识了许多杰出的教授和导师。他们教给我学术上的知识和研究方法，激发了我对学术的热情。我有幸参与了一项关于中国经济发展的研究项目，与导师和团队成员一起探索和分析中国经济的现状和趋势。这个项目不仅丰富了我的专业知识，也培养了我的团队合作和独立思考能力。另外，我很荣幸被评为武汉大学优秀国际学生，并获得一等奖学金。这不仅是对我学业成绩的认可，也是对我在社会服务中付出的肯定。同时，我还荣获了"楚才杯"作文竞赛一等奖和"感受中国新时代"主题征文比赛全国二等奖。这些荣誉鼓舞着我继续努力学习和追求卓越。除了积极参与校园内的活动以外，我也参加了一些国际性的活动，获得了一些荣誉。我被选为联合国纽约评选的 2023 年 100 名"全球最有影响力的非洲后裔名人榜"之一。这个荣誉让我备感自豪。我还作为摩洛哥驻中国共产党政治青年代表，参加了中非青年志愿服务论坛和中非未来领袖对话。这些国际交流的机会让我更深入地了解了不同国家和文化之间的联系，也拓宽了我的国际视野。我的留学生涯不仅是关于学术的追求，更是关于个人成长和自我发现的旅程。通过参与各种各样的活动，我不仅提高了自己的领导才能和人际交往能力，还培养了坚韧不拔和不畏困难的精神。我学会了自信和勇敢，面对挑战时保持乐观和积极的态度。

回想起来，我在武汉大学的留学生活充满了美好和难忘的回忆。我在这里结交了许多朋友，拥有了很多宝贵的友谊。我们一起度过了充满快乐和挑战的时光。

除了学习，我还有机会体验中国的传统节日。春节是中国最重要的节日之一，

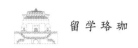

我有幸受到了一位中国朋友邀请到他们家中过年。我感受到了浓厚的家庭氛围，品尝了传统的美食，还参加了舞龙舞狮和放烟花的活动。这次经历让我深深感受到中国人民对于家庭和团圆的重视，也让我更加珍惜和家人在一起的时光。

在留学期间，我还有幸参观了武汉市的一些知名企业和科研机构。我参观了华中科技大学的创新创业园区，见识到了许多创新项目和科技成果。我也参观了武汉的一家大型互联网公司，了解到了中国互联网行业的发展和创新。这些参观活动让我对中国的科技创新和经济发展有了更深入的了解，也激发了我对探索未来的热情。

在与中国同学和教授的交流中，我深刻感受到了武汉大学对于国际学生的关注和支持。学校提供了各种各样的学术和生活上的帮助，为我们创造了一个良好的学习和成长环境。我也参加了学校组织的国际学生交流活动，与来自不同国家的同学们分享了彼此的文化体验，这些交流让我拓宽了视野，提高了人际交往能力，也使我更加自信地面对各种挑战。

随着时间的流逝，我逐渐融入了这个大家庭，将武汉视为我的第二故乡。每当走在校园的林荫小道上，我都会感受到浓厚的学术氛围和友好的人情味。无论是在教室里与教授们深入讨论，还是在图书馆里专注地研究，我都能感受到学术的力量和内心深处对学术的渴望。

武汉大学不仅是一个知识的殿堂，也是一个培养领导力和社会责任感的摇篮。我曾参与多个校园社团，担任干部职务，学习管理和组织能力。在这个过程中，我学会了如何与不同背景的人合作，如何激发团队的潜力，如何解决问题并作出合理的决策。这些宝贵的经验将伴随我一生，并为我未来的职业发展奠定坚实的基础。

在与中国同学和教授们的交流中，我也发现了自己的成长和变化。通过学习汉语，我能够在日常生活和学术范围更自如地与他人沟通。与中国的同学们交流，我了解到他们的思维方式和价值观，这让我拓宽了视野，开阔了思路。我也与他们建立了深厚的友谊，我们一起分享喜悦、共同面对困难，成为了彼此成长道路上的伙伴和支持者。

在武汉大学的留学生活中，我不仅仅是一个学生，更是一个见证者和参与者。我目睹了学校的发展和进步，见证了武汉大学在国际化教育上取得的成就。我为能够成为这个知名学府的一员感到自豪，同时也深感责任重大。我希望将来能够将在武汉大学学到的知识和经验回馈给社会，为构建更美好的世界贡献自己的力量。

我和武大来华留学的故事就像一本精彩的书，在这里我不仅汲取了知识的营养，还品味到了友情的温暖和成长的快乐。我相信，这段宝贵的经历将伴随我一生，成为我人生中最珍贵的财富之一。在将来的日子里，我将继续努力涉猎更多的学术领域，追求更高的学术成就。武汉大学为我打开了无限的可能和广阔的舞台，激发了我追求卓越的热情和勇于探索的精神。

在 SCI 和 SSCI 期刊上发表了多篇该领域极具影响力的研究论文，这是我学术生涯中最引以为豪的成就之一。这些论文代表着我在电子商务和信息管理领域的深入研究和突出成就。每一篇论文的发表都经过了严格的学术评审和同行专家的认可，为我赢得了学术界的声誉和尊重。

除了 SCI 和 SSCI 期刊，我还发表了二十多篇其他论文，展示了我在广泛领域的研究兴趣和多样化的学术能力。其中一些论文具有特殊的意义和影响力。例如，《2019 年联合国日内瓦报告》和《2020 年和 2021 年北京大学 5000 英里报告》是我提交的重要研究成果，这些报告关注国际事务和全球发展，为政策制定者提供了有价值的参考。

近期，我最值得一提的论文是一篇关于人工智能对电子市场可持续发展影响的 SCI 论文。这篇论文引起了世界各地许多专家的关注，被联合国粮食及农业组织在其官方网站上转载。这表明我的研究对于推动电子市场的可持续发展具有重要意义，并在学术界和实践中产生了积极的影响。此外，我还受到来自挪威、芬兰和希腊的三位学者的邀请，他们给我发来电子邮件，邀请我为施普林格出版社某书的某些章节投稿，这进一步证明了我在学术界的声望和认可。

这些学术成就不仅让我深感自豪，也为我在学术界的发展奠定了坚实的基础。通过不断地研究和论文发表，我得以与世界各地的学者进行交流和合作，拓宽了自己的学术视野，并不断提高自己的研究能力和学术影响力。我深信，通过持续地努力和研究，我将为学术界和社会作出更多有意义的贡献，并为电子商务和信息管理领域的发展发挥积极的推动作用。

在离开武汉大学之际，我将永远怀念这里的美好时光和无比珍贵的友谊。我相信，我所学到的知识和经历将成为我人生道路上的指引，让我在未来的职业生涯中取得更大的成就。我将把我在武汉大学的学习和成长视为宝贵的财富和动力，将所学所得回馈社会，为建设一个更加和谐、繁荣的世界贡献自己的力量。

留学珞珈

缘分天注定

讲述人：艾夏雨（Simsek Sehra）　来自土耳其，2000 年出生，2022 年 10 月至 2023 年 7 月在武汉大学国际教育学院进修汉语，为孔子学院国际汉语教师项目奖学金获得者。该生成绩优异，在校期间同时通过 HSK5 级考试和 HSKK 口语考试（高级）。作为武汉大学优秀选手参加外国人配音大赛并获二等奖，在语合中心"汉语桥"学习营活动中担任志愿者，积极参加学院和班级各项活动，成绩突出。

　　人的一生很长，但是决定方向的时间却很短。我一个土耳其女孩儿，怎么就偏偏来到了相隔万里的中国呢？缘分这个东西，我们土耳其语说"kader"，就是注定要发生的事。或许在我小时候，妈妈送我去学习中国武术的那一刻，我和武汉大学的缘分就决定了。

　　北京和上海，是很多外国留学生来中国的第一选择。我对这样从众的选择并不"感冒"，我想要选择一个外国人更少的环境，这样可以让我更多地沉浸在中文的环境里。就算我没有那么"卷"，也能顺水推舟地提高我的中文，这就是我的小算盘。"武汉大学"，我在电脑屏幕上看着她，她也在电脑屏幕那边看着我，然后我就来了。

　　武汉大学，真的大，如果你没有电动车，那你一定会有一个好身体；也真的美，我之前从没有想过，我的校园会变成别人来旅游的地方。我喜欢这里的山，这里的树，校园里的建筑，门口的东湖。但是更重要的，是这里的人，和在这里学到的东西。

　　我是一个很自信的人，但我不是一个盲目自信的人。我本科的成绩很好，有流利的英文，而且有各种各样的经历。中文则完全是专业之外自学的，也达到了 HSK4 级的水平。带着这些标签，我来到了武汉大学，各个老师的履历都闪闪发光，这是我来之前就了解过的，我相信我的同学也绝不是泛泛之辈。在课上，老师们能从简单的词汇和语法讲到中国历史与文化，更重要的是，讲到鲁迅的时候，就问我们："你们有没有吃过稻香村的点心呀，这是鲁迅的最爱。"我们都摇摇头，我连稻香村是什么都不知道。然后他就真的从包里掏出了稻香村的点心，说："你们现在就要知道了，哈哈。"他满怀期待的表情，和同学们兴奋的欢呼，突然就击中了我的心，为人师表，言传身教，原来是这个意思。后来我偶尔提到我喜欢汉服，我的老师突然就安排我穿上汉服，在全世界所有学中文的外国人面前直播介绍黄鹤楼。我喜欢做一些小东西给老师同学尝尝看，老师就直接派我出去参加武汉市的外国人厨艺大赛。我用来交作业的视频和小文章，也会被老师建议去参加各种各样的正式比赛。我慢慢发现，他们并不在意我是谁，或者是我身上的那些标签，他们更在乎我们能成为什么，而且他们用尽他们的一切，让我们去尝试，去探索，去自己寻找答案。我也渐渐意识到武汉大学的地位，我们能享受到的资源远远超乎我的想象。渐渐地，我放下了自己的过去，放下了各种各样的标签，真正地去追求自己的梦，这是我在这里学到的最重要的一课，也是武汉大学给我的底气。

现在我在这里的学习已经告一段落，要准备开启人生的下一段旅程。希望之后来到武汉大学怀抱的同学，也珍惜你们之间的缘分，在这里成为更好的自己。再见了我可爱的老师和同学，再见了武汉大学。

艾夏雨在黄鹤楼参与教育部语合中心"汉语桥"学习营直播课程

重回武大

——从硕士到博士

讲述人：宋雪峰（KHONKHLONG SUPPAKORN）　来自泰国，目前在武汉大学中国发展战略与规划研究院攻读博士。

身为一名出生并长大在遥远他乡的我，对于融汇深厚历史文化与繁华现代文明的中国，一直抱有一种求知的渴望。可能正是因为这种求知的欲望，使得我在选择留学方向时，毫不犹豫地把视线锁定在了中国，更具体地说，锁定在了武汉大学。现在，让我回溯时光，讲述我与武汉大学的故事。

至今还能清晰地回忆起 2013 年的那一刻，我兴奋而紧张地坐上了飞往中国的航班，心中充满了对未来的期待和对未知的好奇。我做好了全力以赴的准备，准备在武汉大学开启新的生活。作为一名外国籍的硕士研究生，我面临的最大挑战就是语言。初到中国，我发现自己处于一种完全陌生的语言环境中，面对这种高频率的日常交流难题，我并没有沮丧和放弃。武汉大学的师生们以他们的热情和友好让我感到温暖，他们的耐心指导和鼓励帮助我克服了语言的难关。不久之后，我开始尝试用汉语进行深入的学术讨论，这对我来说是一个巨大的胜利，也帮助我更深入地理解和接纳中国文化。硕士研究生的三年，我有幸遇见了我的导师——王学军教授。他严谨的学风、深刻的思想、敏捷的思维、坚实的理论功底以及高尚的品格深深地影响着我。他不仅在专业学术方面给我以高屋建瓴的指导，更在日常生活中对我关怀备至，使我在研究、工作和生活中终身受益。在武大，我也有幸结识了来自中国和全球各地的同学。我们一起研究，一起讨论，一起分享生活的喜怒哀乐，这些同学已经成为我生活中的亲密朋友。尽管我们各自的文化背景千差万别，但我们在武大共享着学术追求和对知识的热爱，这使得我们之间的友谊更加深厚。

硕士三年，我对中国的经济发展和它独特的社会主义模式充满好奇，我希望能够深入了解中国的经济体制，以及中国在全球经济中所发挥的作用。这段时光让我永生难忘。武汉大学丰富的学术资源、严谨的学术氛围，以及来自世界各地的杰出学者们，共同构成了我在这里的学习经历。在研究经济学的过程中，我不仅学习了理论知识，也学会了如何将这些理论应用到现实世界的经济问题上。我研读了大量的经济文献，参加了无数的研讨会，这让我对经济学有了更深的理解。

2016 年，我离开武汉大学的那一刻，内心充满了感慨。那些熟悉的面孔，那些共同度过的时光，那些充满挑战与收获的经历，都让我无法割舍。在中国的这段时间，我看见了自己的成长，也见证了武汉大学的发展和进步。

离开武汉大学后，我开始在泰国工作，生活中充满了新的挑战和机遇。但即便我身在异乡，我一直心念着武汉大学，仍然对武大抱有深深的感激与怀念。我希望有一天能够回到这个我心爱的地方，这个我曾称之为"第二个家"的地方，继续我的学术探索。

2016 年离开后的六年间，我不断提升自己，希望有一天能有资格回到武大。我的心愿在 2022 年得以实现，我获得了新汉学计划博士研究生奖学金的资助，有幸能够再次回到武汉大学，开始我新的博士学习旅程。我相信，在未来的日子里，我将会更加深入地研究我所热爱的领域，与优秀的师生们一起，为我们的学术领域作出更大的贡献。

2022 年 10 月 18 日，在我再次回到武汉大学的那一刻，我感到好像回到了自己的家。尽管校园的一切似乎都发生了变化，但那份熟悉和亲切的感觉却未曾改变。我开始深入研究我所热爱的领域，我知道，这个地方能为我提供所有我需要的资源和机会。我要特别感谢我的导师，黄永明教授。他给予我巨大的支持和帮助，使我能够再次回到这个我深爱的学府。他的智慧和热情，不仅让我对学术有了更深的理解，也在我面临困难和挫折时，为我提供了无尽的支持和鼓励。我的这一次留学经历并非一帆风顺，然而每一次的挑战和胜利都塑造了现在的自我。在新冠疫情的冲击下，我更深刻地意识到了自己的决心和坚韧。我知道，无论未来我遇到怎样的挑战，我都有能力去面对它，去克服它。回到武汉大学，让我再次明白，只要有梦想和决心，没有什么能阻挡我追求知识的步伐。

心之所动，御风而行。我没有预见到新冠疫情的到来会延长我再次踏入武汉大学的时间。尽管在等待的过程中我经历了焦虑和无奈，但我始终保持着坚定的信念，相信我终有机会回到武大继续我的学术旅程。2022 年，我的坚持终于得到了回报。回到武大，我决定将我的博士研究重点放在"一带一路"倡议上，尤其是它对中国经济发展机制的影响，以及它在东盟国家，特别是在泰国的影响。我将深入研究中国与泰国的经济关系，以及在"一带一路"倡议背景下如何推动中国企业在泰国的投资，共同构建全球供应链。为了更深入地理解中国的经济模式，我将使用定量和定性的研究方法，从理论到实践，一步一步地探索中国与泰国，以及中国与东盟的经济合作关系。在这个过程中，我将探索如何建模、管理和使用数据，以期对中国和泰国的经济合作模式以及全球供应链的挑战提出实际的建议和解决方案。这次回归武大的博士生之旅，不仅让我有机会深入研究中国的经济模式，更让我有机会再次深入了解中国的社会和文化。我期待在这个过程中，借助武汉大学的资源和网络，为中泰两国，乃至中东盟的经济合作作出贡献。我坚信，只要我们坚持不懈，我们就一定能找到一条促进国际合作、实现共同繁荣的道路。

我深信，生活中最有价值的部分，往往是在最艰难的时刻得来的。这份价值可能源于一个深刻的认识，一次成功的挑战，或者是一段难忘的经历。对我而言，新冠疫情期间的等待尽管困难重重，然而正是这段时间，我重新审视了自己的生活和研究目标，坚定了回到武汉大学、继续深造的决心。等待的过程充满了不确定和焦虑，但这个过程也让我明白了自己对知识的渴望和对学术的执着。等待的过程，虽然艰辛，但它也塑造了我，让我变得更加坚韧和坚定。每一个挫折都是一次成长的机会，每一个困难都是一次磨炼的机会，正是这些艰难的挑战，让我更加深刻地认识到我对经济学的热爱和对中国经济的热情。

我非常庆幸能有机会回到武大，有机会在这个世纪、这个国家继续我的学术探索。回到武大不仅意味着我能回到我曾经深爱的学校，也意味着我能够继续在我感兴趣的领域进行深入的研究。展望未来，我期待我能在学术道路上作出我自己的贡献，为促进中国与泰国乃至全球的经济交流与合作献出我自己的一份力量。我相信，只有不断学习和努力，才能在我热爱的领域取得突破。在我看来，知识是开启新世界的钥匙，是我为未来作出贡献的工具。我将致力于通过我的研究，开启新的视角，提供新的思考，以期在经济学领域和中泰经济关系上作出有益的探索和贡献。

我的"珈"，我的家

讲述人：陈阮金银　来自越南，武汉大学国际教育学院 2022 级汉语言专业在读本科生，获国际中文教师奖学金。

处在不同阶段的人，对"家"会有不同的情绪和定义。青春期的我开始萌发以及拥有了真实的自我意识。当时，因为我的想法跟家人的思想观念不同，于是，我总觉得家人对自己的爱是一种负担，一种压制，也是一种捆绑。而对于现在的我，"家"则具有特殊的情感意味和地位，是独一无二的地方，承载着我的精神寄托。作为一名越南留学生，在武汉大学读书，我在中国似乎也拥有了一个"家"。

光阴似箭，岁月如梭。不知不觉间我在武大的第一年也结束了。在一年时间里，我认识很多新朋友，遇见了很多从未见过的事情。这一切不仅不让我感到陌生，而且还无比亲切，给我带来"家"的感觉。

还记得我在武大的第一节课是线上课。我们的班主任刘老师脸上笑意盈盈，语气极为温柔地欢迎学生，班里的尴尬气氛瞬间被她身上特有的真诚和热情所打动。那一刻我们不像是初次见面的人，更像是妈妈正在迎接离家已久的孩子们。其实，在选择申请中国大学时，武汉大学并非我的首选。然而跟武大接触的时间越久，我就越确信这个选择是无比正确的。在这里我遇到很多令我佩服至极的老师们，不仅学会了知识，还学会了怎样在成长的路上一步一步走下去。

在校园里的每一个角落都充满着青春的朝气蓬勃。每次走进图书馆，我仿佛与喧闹的世界隔绝开来，投入到充满了学术气息的氛围中。在一间安静的大厅内，到处都是书架和桌子，人们专心致志地研究着他们手头的资料，有些人低头在书页中

寻找答案，有些人被笔记本电脑引导着在敲打着输入，而另一些则是沉迷于阅读中。每个人都不发一言，尽管这里有许多人，但你所听到的声音只是翻书的声音、笔划过纸的声音、键盘的咔哒声以及柔和的轻吸气声。他们的注意力都集中在自己的读物上，每个人都在尝试着吸取和消化未来可以用于逐渐积累自己的知识储备。图书馆的学习氛围每次都促使我更加努力地学习。

走在校园里，我可以看到路灯下很多匆匆的脚步，忙碌的身影，让我感到温馨；操场上很多同学在夜跑，洋溢着的青春气息让我的心头忍不住为之一振。学校的点点滴滴让我在模糊中突然意识到这是属于我的地方。

武汉大学之所以有家的氛围还是因为校园里每一个工作人员都把我们留学生当成自己的孩子来看待。

"你吃过饺子吗？我刚煮的，来一个！"

"你的车怎么了？我来帮你吧！"

只是再平常不过的话语，但他们的真诚语气每次都带来一股暖流涌上了我的心头。武大的老师们，武大的朋友们，武大的每一位工作人员对于初来乍到的我，仿佛是冬日的暖阳，夏日的微风，春天的青草，秋天的稻香。他们用热情和微笑慢慢地温暖了我孤独念家的心灵，让我深深地爱上了此地的人。

人总不能胜过岁月变迁，时间总会冲刷着我们的记忆，很多事情会被忘记，但我对武汉大学的感激之情会与日俱增。此生，能成为"珈"的一部分是我最大的荣幸。

Experience and Memories in Wuhan University

Introduction of the narrator: Sarker Badhon　From Bangladesh, now he is a second-year student pursuing a Master's degree in International Business at the School of Economics and Management, Wuhan University.

Introduction

University life is a transformative period filled with various experiences and memories that shape individuals into well-rounded scholars. Wuhan University, renowned for its academic excellence and vibrant campus culture, offers students a unique environment to create lasting memories. The significance of these experiences and memories cannot be overstated as they contribute to personal growth, cultural exchange, and integration into campus life. This essay will explore the role of our supportive professors, teachers as friends and mentors, the cooperative Wuhan University International Student Union (WISU), events organized by School of International Education, integration into campus life through clubs and societies, cultural experiences encountered at Wuhan University, and the overall impact on personal growth.

Supportive Professors

One of the key factors that contribute to a positive university experience in Wuhan University is the presence of supportive teachers who genuinely care about their students' success. These professors go beyond imparting knowledge; they serve as mentors who guide students towards their full potential. My personal interactions with those professors have left an indelible mark on my own academic journey.

Professor Chen Hong from Department of World Economics stands out among many supportive professors I have encountered at Wuhan University. His wealth of knowledge combined with his nurturing demeanor creates an ideal learning environment where students feel comfortable asking questions and seeking clarification. Professor Chen Hong takes extra time during office hours to address individual concerns or provide additional materials to supplement classroom lectures.

Professor Gong Limin from Department of Technical Economics and Innovation also exemplifies supportiveness in teaching. She encourages critical thinking by engaging her students in thought-provoking discussions related to International Business. Her approachability fosters open dialogue within the classroom while creating a safe space for intellectual exploration.

These exemplary scholars not only facilitate academic growth but also nurture personal development by instilling confidence in their students' abilities.

Cooperative Wuhan University International Student Union

Wuhan University International Student Union (WISU) plays a significant role in supporting international students' integration into university life. WISU is a student-run organization that provides a variety of events and activities for international students at Wuhan University. WISU organizes various events, programs, and initiatives that enhance cultural exchange, provide networking opportunities, and foster social engagement.

One memorable experience I had with WISU was during the Chinese New Year celebrations. School of International Education (SIE) and WISU organized a festive event where international students came together to celebrate this important holiday. We exchanged traditions, shared delicious food, and experienced firsthand the warmth of Chinese culture. Through these events, international students are able to connect with one another as well as immerse themselves in the rich tapestry of Chinese traditions.

One of WISU's most popular events is Chinese Corner. Chinese Corner is a monthly event where international students can come to practice their Chinese language skills. Chinese Corner is led by native Chinese speakers who are trained to help students improve their pronunciation, grammar, and vocabulary.

Another popular WISU event is the Water Festival. The Water Festival is a traditional festival that celebrates the arrival of spring. The festival is held in Wuhan University every year. WISU organizes a variety of activities for the Water Festival, including water fights, and games.

WISU also organizes a number of career-related events. These events are designed to help international students learn about the Chinese job market and develop their job search skills. WISU's career events have featured speakers from Chinese professors and PhD students, as well as workshops on resume writing and interview skills.

In addition to these events, WISU also organizes a number of sports competitions. These competitions are a great way for international students to stay active and meet new

留学生泼水节活动

people. WISU has organized competitions in a variety of sports, including basketball, soccer, volleyball, and badminton.

WISU's events are a great way for international students to get involved in the Wuhan University community. These events provide students with the opportunity to learn about Chinese culture, make friends from all over the world, and develop their skills.

Here are some other examples of events that WISU has organized in the past:

Language exchange: This event is a great way to practice your language skills and meet new people from different countries.

Cultural performances: WISU cooperate and hosts a variety of cultural performances throughout the year, including traditional Chinese and different countries dance and music.

Volunteer opportunities: WISU organizes a number of volunteer opportunities, which are a great way to give back to the community and meet new people.

Social events: WISU hosts a variety of social events, such as parties and movie nights.

If you are an international student at Wuhan University, I encourage you to get involved in WISU's events. These events are a great way to make the most of your spare time in China.

Events Organized by School of International Education

Extracurricular activities play a pivotal role in enhancing one's university experience at Wuhan University. School of International Education actively organizes events that cater to diverse interests while promoting holistic development among its students.

Participating in the annual sports meet organized by SIE was an exhilarating experience for me personally. This event brought together students from different backgrounds for friendly competitions across various sports disciplines. Apart from fostering physical fitness and team spirit, this event created lasting bonds among participants through shared experiences on the field.

I am grateful for the help and support that these teachers provided me. They made a real difference in my life and helped me succeed as an international student.

Integration into Campus Life

Integration into campus life is a crucial aspect of the university experience. Wuhan University offers a multitude of opportunities to engage with clubs, societies, and sports teams, fostering a sense of belonging within the university community.

Being an active member of the WISU has not only improved my public speaking and critical thinking skills but has also provided me with a close-knit community of like-minded individuals. Through WISU activities and competitions, I have forged lasting friendships while expanding my intellectual horizons.

Dormitory

Wuhan University dorms are modern and well equipped, providing students with a comfortable and convenient place to live. Each dorm room has a bed, a desk, a wardrobe, and a closet. There are also attached bathrooms and showers on each room.

In addition to the basic amenities, Wuhan University dorms also have a number of other facilities, including a gym, a kitchen, a study room, and a security system. The gym is a great place to stay fit and healthy, and the kitchen allows students to cook their own

枫园留学生公寓楼（2023 年）

meals. The study room is a quiet place to focus on schoolwork, and the security system helps to keep students safe.

The overall study environment in Wuhan University dorms is very good. The rooms are quiet and clean, and the facilities are well maintained. There are also a number of study areas on campus, so students can find a place to work that suits their needs.

Overall, Wuhan University dorms provide students with a comfortable and convenient place to live. The facilities are modern and well equipped, and the study environment is very good. If you are considering studying at Wuhan University, you can be confident that you will have a good place to live.

Here are some additional details about the facilities in Wuhan University dorms:

The gym is equipped with a variety of cardio machines and weight training equipment.

The kitchen can use stove, oven, refrigerator, and microwave.

The study room has a large table, chairs, and bookshelves.

The security system includes 24-hour surveillance cameras and a security guard on duty.

Cultural Experiences

Studying in Wuhan University offers international students unique cultural experiences that broaden perspectives and enrich understanding of different cultures. The university hosts various festivals and traditions throughout the academic year that provide glimpses into Chinese customs.

Attending the Mid-Autumn Festival celebration at Wuhan University was one such memorable experience for me. Students from all walks of life gathered together to appreciate traditional performances, taste mooncakes, and partake in lantern displays. This event allowed me to immerse myself in Chinese culture while connecting with fellow students who shared similar curiosities about different traditions.

Impact on Personal Growth

The collective experiences and memories made during my time at Wuhan University have had a profound impact on my personal growth. From supportive teachers who shaped my academic journey to professors who became mentors guiding me towards future aspirations, each interaction contributed to shaping both my intellect and character.

Engagement with WISU events facilitated cultural exchange while providing networking opportunities that will be invaluable in future endeavors. Participation in events organized by the School of International Education enhanced my overall university experience by fostering holistic development through extracurricular involvement.

Integration into campus life through clubs and societies created a sense of belonging within the university community while broadening horizons intellectually and socially. Cultural experiences encountered at Wuhan University enriched understanding, instilled respect for diversity, and challenged preconceived notions about different cultures.

In conclusion, Wuhan University provides an exceptional environment for cultivating diverse experiences and creating lasting memories. With supportive professors, teachers as friends and mentors, a cooperative international student association, events organized by School of International Education, integration into campus life through clubs and societies, cultural experiences, and personal growth opportunities abound. These experiences at Wuhan University not only shape individuals academically but also contribute to their holistic development as well-rounded global citizens.

"回珈"梦

讲述人：阮长江（NGUYEN TRUONG GIANG）　来自越南，2022 年 6 月在武汉大学文学院获得语言学及应用语言学硕士学位，2023 年 9 月在武汉大学新闻与传播学院攻读传播学硕士学位。在校期间荣获"我的汉语缘"演讲比赛"优秀奖"、国际学生优秀奖学金"活动积极二等奖""成绩优异二等奖"等奖项。曾在越南成都大学（Thanh Do University）任教，还从事该校学术期刊编辑工作。

有一句话说得好："人那么多，故事那么多，只要值得，就应该被铭记。"我曾去过世界很多地方，看过千山和万水，但珞珈之山东湖之水永远是我一生中见过的最美的风景。武汉大学、珞珈山，这个地方留下了我太多故事，有心酸与无奈，也有成功与喜悦。在武大的日子让我懂得了有付出就会有收获。

我出身于越南北部的一个小村庄。农村孩子的梦想都是脱贫。脱贫的前提就是必须努力学习考上大学，毕业之后找到一份工资高的工作。在我成长的路上，我有幸遇到了很多好人，其中一位对我影响最大的是亦师亦友的范红玉。她是我大三的时候在越南国家电视台实习认识的。她教我汉语，带我阅读浩瀚的中文书籍。我们分享彼此的梦想，也是她在我梦里种下了去中国留学的种子。那一颗种子在我拿到经济与管理系毕业成绩第一名的时候已经发芽了。毕业后半年，我努力学习汉语，每天都做 HSK 五级模拟试题，努力向梦想迈进。当时，我心中的目的地是南京，而红玉，她想去上海。后来我才懂得，每一次遇见，都是命中注定的缘分。说实话，比起南京，我更喜欢武汉。但那年，我对自己没有信心，跨专业学习很不容易。当时每当想起报考武大，自己心里都觉得像痴人说梦。不过，年轻的好处就是不轻言放弃。抱着试一试的心态，用尽所有的勇气，我给武汉大学文学院的王宇波老师发去了邮件，申请他的同意接收函。当我看到"同意"的回复时，我梦里的小树就慢慢开花了。我赶紧准备申请材料，在武汉大学国际学生在线服务系统上提交申请，并通过了一关又一关的考试与面试。终于在 2019 年的秋天，我如愿来到武大读书，红玉也被北京对外经济贸易大学录取，我们都走上了自己的梦想之路。曾听人说，人与人的相遇，是上辈子无数次回眸换来的。我想，我与武大的相遇是惊喜的意外，也是前生苦尽今世甘来的结果。

来武大的第一天，我有幸认识了国际教育学院的王波老师。他在我印象中是一位开朗、热情、温柔的老师。他关心每一位留学生的生活，乐于帮助学生解决生活中遇到的困难。来武大的第二天，我有幸认识了文学院的肖慧老师，她热情地帮助我办理报到手续，帮我选课并打印课表。来武大的第七天，我慢慢融入了武大的学习环境，认识了班级同学和我们专业的老师。我开始感受到自己向"武大人"的转化。成为"武大人"，我更加努力地学习，积极接触前沿研究并根据自己的兴趣方向选择自己想做的课题。我参加过国际教育学院举办的"我的汉语缘"演讲比赛，在国际文化节跟其他越南同学一起传播越南文化。我在图书馆写作业，在振华楼上课时人生第一次感受到了地震。我去开元寺许愿，登黄鹤楼欣赏美景。我在江汉路、在楚河汉街抓娃娃、听音乐、吃小吃，亲身体验中国日常生活节奏。在武大的樱花大道、自强大道、弘毅大道、求是一路……留下了我的脚印，在振华楼、新图书馆、桂园、梅园、枫园……留下了我的影子。我的回忆里弥漫着国际教育学院旁桂花的芬芳，脑海里还不时闪现出鲲鹏广场 10 月就匆匆开放的"傻樱花"。那些回忆、那些感受深深地印在我的心里，永生难忘。

但愉快时光总是短暂的，本以为来日方长，没想到世事无常。2020 年 1 月，在我回国过春节之后，出现了新冠疫情。疫情给我带来很多遗憾，而我最大的遗憾就是来不及观赏武大花雨满天飞扬的场景，也来不及返校参加毕业典礼。武大给了我很多，我还没来得及回报。还记得那两年半的所有灰心与无奈，但印象更深刻的还是老师们的温情与关爱。线上授课有多困难，相信很多老生都能够理解。真的非常感谢我们这几年的坚持，晚睡早起，流过泪，吃过苦，仍没有放弃。我熬夜改毕业论文时想过放弃又舍不得放弃的煎熬，如今仍记忆犹新。武大教会我努力向上，生活中的许多事并不是我们不能做到，而是我们不相信能够做到。武大使我学会坚持，让我变得更成熟、更坚强。当然，是武大为我打开了学术之门，陪我走上研究之路。武大给我的脱贫之梦插上翅膀，转身化为"自强、弘毅、求是、拓新"这更为高远的追求。

我顺利毕业之后，老师与同学都鼓励我继续申请来华留学深造。当我作出决定时，武大是我的第一选择。我相信如果有缘，即使分别，也会再次相遇。我坚信只要拥有梦想、追求梦想，就一定能活成自己想要的样子。

有了第一次申请来华留学的经验，此次我轻车熟路地准备申请材料。我非常感谢新闻与传播学院的周茂君老师的支持和周丽玲老师的关爱，鼓励我申请攻读传播学硕士。提交申请的时候，我有预感今年申请奖学金的竞争会非常激烈，我再次申请读硕士的成功率不会很高。但不管竞争有多激烈，我也要争取这次机会。但是我不敢直接申请攻读博士，因为武大教会我，做任何事情，都要学会提前做准备，不打无准备的仗。我觉得我还没做好攻读博士的准备。我硕士毕业论文研究的是越南网络的语言变体，读双硕的话传播学是最佳的选择。我可以在传播学的视角下看待网络语言变体，进一步研究网络语言变体在互联网传播的原理。我给自己制定了一份三年的学习规划，在攻读传播学硕士学位的阶段要经常跟武汉大学文学院的王宇波、李佳、黄晓春、郭婷婷等老师探讨语言学及应用语言学理论与研究问题，申请旁听语言学及应用语言学的学位课程，尽力发表论文，旁听讲座，丰富自己的研究经验，完善博士研究计划。我希望在 2025 年年底之前准备好申请语言学及应用语言学博士的材料，争取 2026 年 9 月能够延续求学之旅。

"功夫不负有心人"，我是武汉大学 2023 年中国政府奖学金"高水平研究生"项目的第一个申请者，在通过国际教育学院的初审、新闻与传播学院的考试与面试、国际教育学院的复审和国家留学基金管理委员会的终审后，获得奖学金来华留学。回想这个过程，真是过五关斩六将，太不容易了！这次成功申请对我来说具有重大的意义，它让我看到了希望就在黑夜的尽头。只要你有梦想，全心全意去追逐梦想，梦想总会有实现的那一天。

此次我会珍惜每一分每一秒，让自己无悔地享受武大的学习生活。再次回想"回珈"这段旅程，我心中充满了感动与感恩。我会继续努力，不断提高自己，与武大一起谱写新的梦想！

珞珈山十二时辰

讲述人：马佳乐（Calebe Guerra） 来自巴西，12 年前来到中国，目前在武汉大学做中国古代文学研究。2022 年，马佳乐将鲁迅《野草》一书翻译为葡萄牙语，并由巴西 ABOIO 出版社出版。基于对中国古代文学和文化的着迷，马佳乐用葡萄牙语创建了自己的博客频道——"比翼鸟书斋"，介绍中国传统文化。

卯 时

我还在沉睡。

春分刚过。这个时节的武汉，清晨，仍带寒意的北风拂过湖面，在珞珈山麓打了个卷儿，偏离了它的路径，在校园里踟蹰不前，摇动树木，吹倒春花，惊了初醒的虫儿，和着鸟儿的欢鸣，扰了学生们的美梦。

大概是春天步履匆匆，留下一片忘记叫醒的角落；国际学生宿舍 B 区一隅显得格外僻静。

埋在一堆书本里的我依然睡着，做梦。梦见自己是一只比翼鸟。

比翼鸟是中国古代神话里一种单目单翅的鸟，"其状如凫，而一翼一目，相得乃飞……"不比不飞的比翼鸟，疲倦时，每每也会睡去。在梦里，自东而来的暖风将它和同伴托起，在天地山海间自在飞翔。

我觉得，在某种程度上，每一个武大人都是一只比翼鸟。我们渴求的另一只翅膀和眼睛，正是我们梦里所追寻的——我们当中，有的人目标宏伟，追寻"改变世界"，或是"为人类命运作贡献"；有的人思虑渊深，渴望在文学、艺术、科学、

社会等领域有所成就，与此同时，尽可能地照顾家人，爱护朋友，与爱人比肩同行……我们追求的那一只翅膀，在我们的梦中如一幅山水长卷，徐徐展开，在这过程中，找回了理想中的自我。生活林林总总，缘由不一而足，每位奋斗者最清楚自己努力做梦的原因。

寒风直直扣柴扉。美梦历历在目，绝非了无痕迹，它被绘制在了每个人人生的水墨长卷上，它在提醒各位追梦人：梦境只是成功人生的初稿，白天才是生命五彩缤纷的展开。

辰 时

如同庄周梦蝶后醒来，我眼睁睁地看着梦境里的花花世界消散于天花板。清醒，就是这样无可争辩。

昨晚没关窗，窗帘也只拉了一半，从南半球挥汗如雨的巴西，回到北半球乍暖还寒的武汉，房间里显得无比的冷。

还没办法完全打起精神的我，伸手点开台灯，顺便关上窗户，在一个又一个哈欠中泡上了今天的第一杯咖啡。

最苦的黑咖啡。

外国人的习惯一直控制、折磨着我。你看，我并不是故意的：黑咖啡让我想起巴西晴朗炎热的夏日，在家里前院的躺椅上，俯瞰山坡下开阔的田野，眺望远处的低谷，听着屋子里传来的家人的欢声笑语。没办法，就像我不少中国同学爱吃的苦咖啡雪糕——"苦苦的追求，甜甜的享受"。

在巴西，喝咖啡不需要固定时间。不论早晨、下午，哪怕是黄昏时分，都是喝咖啡的好时候。只要你愿意，咖啡和一天里每一顿饭都是好搭配。房间里弥漫的咖啡香味像老家，像家里人，像老朋友，旧情旧话。

好了。坐在桌子前，打开书，努力集中注意力。最近痴迷于一本注解版的《扬子太玄》："出我入我，吉凶之魁"——吉凶之出自我，吉凶之入亦自我。这么大的责任感！这么强的自我意识！这八个字，让我回味许久。

前贤扬雄为了完成这一本书，把自己关在房间里很长时间。估计当年，他夜夜都会梦到自己在编撰《太玄》。他大概也相信文学有助于改造世界、拯救人类，变成不少人的"另一只翅膀"。

学术这一志业，值得他一生之劳。

巳 时

我继续看书。在这一栋楼里，估计追梦者也不少。来自世界各地，代表不同国家和民族的追梦人。像夏日云朵一样形形色色，汇聚于珞珈天空，又化作雨水，散落在校园的角角落落。

午 时

沉浸读书的我，在空肚子的咒骂声中惊醒。

冲出留学生公寓 D 出口，差点被冲下坡的电动车带走。是的，白天在枫园过马路，如果从来没有心跳加速，那就是武侠电影中的人物——只需要甩一甩腿，就能从一棵树飞到另一棵树。

我道歉，骑车人默不作声。似乎这个时候是谁的错并不重要，我们彼此心照不宣：都是饿着肚子赶路的人。一辆校园巴士经过，眼熟的司机笑着提醒我小心："走慢一点！"

午餐后，我把头往后一仰，感谢天感谢地，热量补充，浑身舒坦。午觉就不睡了，这算我们外国人的一个典型的"坏习惯"——即使累了，也会欺骗自己说咖啡充满力量，只要再喝一杯就能赶走我的疲倦。

骑着电动车，拐进人文路，正是樱花节开放校园供游客参观的日子。妆容精致的女士，忙着寻找与樱花树合影的最佳角度；而陪同的男士，几乎都是一手拎包一手为女伴们拍照留念。在路边，五六个孩子跑来跑去吹着肥皂泡泡，他们的父母在一旁看着，脸上时不时浮现巴士司机师傅一般的微笑，喊着不要往马路中间跑。不远处，穿着马甲的学生志愿者们专心致志地帮着扫码确认游客身份，维持秩序。

自从早樱花开，我就告诉自己，每天都要路过这里，放慢速度——哪怕只是一点点——好好欣赏。毕竟，匆忙来去的人海中，没有比我这个老外更游客的游客了。

未 时

在图书馆没多浪费时间。

最近老师指导我们精读《尚书》："昔在帝尧，聪明文思，光宅天下。""文思安安"并不是所有人能做到的,尧帝是怎么做到的?对我来说,《尚书》的难度非同小可。毕竟是华夏文明精髓之作,博大精深。看不懂的内容我只能埋头拼命看注释,寻求老师和同学们的帮助。

时常因为读书太慢而感到烦恼,但这些时候,我往往就会想起陶渊明在《五柳先生》中的一句慰藉:"好读书,不求甚解;每有会意,便欣然忘食。"没错,读书最重要是自得其乐,乐在其中,则乐无穷也。

"譬若江湖之崖,渤澥之岛,乘雁集不为之多,双凫飞不为之少"——校园内,喜欢看书的学生很多,而我只是其中的一个,继续努力吧。

在历史文明的长河中,想要成为一位成功的作家,总归是要驶入与自己独处的码头,最终获得人海孤舟的力量,继续前行。

振华楼,老师办公室里,我收集着有限学术生活中最应珍视的回忆。几年前还记得老师说过:"在武大的时候你们要多做一些有意义的事情。"我猜学术交流就是老师眼中最有意义的事情。尚永亮老师博学多闻,如果能成为像他一样的儒者,我就很满意了。还有葛刚岩老师的治学严谨,蒋润师兄的功底深厚,徐嘉乐同学的锐意创新,成天骄师弟的游刃有余,都让我印象深刻,受益匪浅。

申 时

振华楼就是文学院,一走进 411 办公室,我便拥有了最令老师骄傲的文学院留学生人设:边看书,边喝茶。请注意:不是任何书都行,必须是《五经》之一;也不是随便什么茶都可以,就得是中国茶。

有时候感觉老师把我看成马可·波罗的继承人,希望我在中国好好学习,深入研究,充分体验华夏文化,回到巴西好好传播。看来我不仅要培养喝茶的习惯,甚至要把咖啡戒掉才能不辜负老师的期待。老师总是说身体是机器,我们每人只有一台,不能交换,不能回收,"还是茶对身体好一点!"

哎,这就是最矛盾之处——内心深处的巴西小伙子在呐喊:"你得罪我了!"——我了解喝茶有千般好处,但是不过可是只是……辛辛苦苦十几年在巴西养成的习惯说没就没了?在咖啡上,我投入了太多的情感成本,我们缘分太深。

突然间我有了灵感,既然中巴文化缺少碰撞点,我就取最好的中国茶叶和最好的巴西咖啡,来创造一杯特别的"茶咖"。这样不仅大家都开心,说不定"茶咖"

以后还会名扬四海，在中巴外交会议上，两国外交官一边商议要事，一边喝着我独创的饮料，而我会很得意地大赚一笔，从此宣布退休，专心写自己的文章。

好了，这次白日梦做得有点长。书，教人逍遥，当你意识到时，神思已恍惚去了另一个世界。我努力从海市蜃楼走出来，将注意力集中到我的志业上来。在巴西，还有很多不知道孔子、孟子、庄子、屈原、扬雄的人，我还要继续努力。

酉　时

出得振华楼来，脑子里还回荡着句句古诗："譬彼坏木，疾用无枝。心之忧矣，宁莫之知？"暮色降临，又是一天中最容易多愁善感的时分。未及多想，微信响起，同学们喊我参加有新朋友的聚会——中式大圆桌的欢乐称得上来华求学生涯中最考验缘分又最妙不可言的活动。

在这里，不分性别、年龄、国籍，彼此的文化差异也显得微不足道，经常听到"哦，我也是！"的一声回应，"东海西海，心理攸同"，人嘛，真的还是共同的地方多一点。

在这里，大家都因同样的笑话而开怀，为同一个八卦而惊讶。我说喜欢李白，朋友更喜欢杜甫。我认为神婆的歌好听，朋友觉得霉霉更棒。吵起来了，脸都红了。喝几口藕汤，舒缓心情。毕竟，有缘在校园里相识，那就是海内存知己，就算以后天涯若比邻，肯定也继续"藕断丝连"。

戌　时

饭后走一走，活到九十九。

与朋友告别，独自一人从桂园散步到操场。有人在跑步，将一天的疲惫和焦虑消解于几公里的路程中。一群女生在看台旁的空地上排练舞蹈，即便一次又一次因为跳错而要从头再来，依然笑声朗朗。被这样的快乐感染，微笑不禁浮现在我的脸上。

一阵清远的笛声吸引了我。他一个人站在树下，没人注意，只是静静地吹奏。我掏出手机，又揣回兜里，还是把这静谧美好的情景留在眼睛里就好。

走过操场，不谙世事的男生女生们在桂园市井般的热闹中交换各种旧式的爱情誓言。谁属于谁？谁爱着谁？谁会记得谁？只有桂园四季不落的树叶才知道。

亥　时

戴着耳机走到湖滨，准备在临近东湖的工学部操场跑一下步。

现在该我了。

将一天的疲惫和焦虑溶解在几滴汗水里面。湖滨很安静，很偏僻。这里虽然人不多，但也很精彩。

从低矮古旧的铁栅栏望出去，交织着大城市的夜色，远处的月光漂浮在大湖上。虽然晚上不能做白日梦，但湖滨的美丽容易让人忘记逻辑。

我气喘吁吁，筋疲力尽，跑完了我两公里的马拉松。回宿舍之前，再走一遍樱花大道。明天下雨，估计花都会被雨水冲走。我骑着电动车，享受着生活在校内的特权——在安静、空旷的夜里赏樱。

万籁俱寂，没有噪音。灯已关，人已散。

不知道明天会如何重复今天，也不知道东湖会不会泛起新的波澜。

子　时

留学生宿舍 B 区一隅格外僻静。

洗完热水澡，舒服地躺进被窝。今晚没忘记关窗户，但故意将窗帘只拉了一半。明早不想被从东湖湖面吹来的北风喊醒，但又期盼着朝阳的迎接。

再一次，也大概是今天的最后一次，我想家了。

随着怀念，我作出今晚最后的决定：明天一大早要做的第一件事情，就是泡一杯咖啡来舒缓对故乡的想念。

月亮透过窗帘的缝隙，照亮了桌上的《诗经》《尚书》《扬雄全集》，还有一本《百年孤独》。现在，大概只有这一轮明月最清楚，校园中这么多宿舍里还有多少亮着的台灯，还有多少尚未入眠的人。为了自己的梦想而奋斗的灵魂，只有平静的夜才深知。

丑　时

我好像已经睡着了。

我似乎继续着昨晚的梦境，化为比翼鸟。

站在万林美术馆的天台，从玻璃栏杆上孤独地望着月亮。当我将目光收回到近处的树林时，我看到成千上万的比翼鸟，同样在陪我看着月亮。

它们在老图书馆的楼顶上，它们沿着樱花大道、文体路、鉴心湖，延伸至后面的珞珈山。仔细看，包括天台上的每一个小角落——比翼鸟如星星缀在武大天鹅绒般的夜空。在每一棵树的树枝上，千千万万的小鸟像整齐的军队守护在那里。

你们是不是和我一样，是刚刚入眠的梦的精灵？

你们是不是像我一样，是跨越万水千山来到武汉大学追梦的人？

你们麇集于此，是为了什么？是想要改造世界、为人类命运作出贡献？还是在寻找自己？

寅　时

你还在睡着。

春天已过，夏天已过，秋天已过，冬天已过。

倏忽而过的四季里，从远处吹来的风依然喜欢在珞珈山麓打个滚儿，偏离路径，在校园里踟蹰不前，摇动树木，吹起灰尘，惊醒虫儿，和着一大群小鸟的鸣叫。

又打扰了你的美梦。

风不过是提醒你：梦境只是成功人生的初稿，白天才是生命五彩缤纷的展开。风似乎在羡慕人生的日常。

好了，不要睡了。

梦为比翼鸟，醒作奋斗者。在武汉大学这座码头，你不会停泊很久了。

请珍惜眼下的一切吧——不要错过校园的点点滴滴，你人生最精彩的那些年，最棒的友谊和回忆都在这里。

起床吧，正有一大堆有意义的事情等着你去完成。不过在那之前，恕我冒昧地问一句：为了更好地完成目标，要不要先来上一杯咖啡？

图书在版编目(CIP)数据

留学珞珈/王爱菊,雷世富主编.—武汉:武汉大学出版社,2023.11
武大精神与校园文化丛书
ISBN 978-7-307-24030-8

Ⅰ.留⋯　Ⅱ.①王⋯　②雷⋯　Ⅲ.武汉大学—留学生教育—教育史
Ⅳ.G649.29

中国国家版本馆 CIP 数据核字(2023)第 189271 号

责任编辑:邓　喆　　责任校对:李孟潇　　整体设计:藏远传媒

出版发行:**武汉大学出版社**　(430072　武昌　珞珈山)
　　　　　(电子邮箱:cbs22@whu.edu.cn 网址:www.wdp.com.cn)
印刷:武汉精一佳印刷有限公司
开本:787×1092　1/16　印张:15.25　字数:255 千字　插页:2
版次:2023 年 11 月第 1 版　　2023 年 11 月第 1 次印刷
ISBN 978-7-307-24030-8　　定价:99.00 元